JOURNAL
DE
MADAME CRADOCK

VOYAGE EN FRANCE (1783-1786)

TRADUIT D'APRÈS LE MANUSCRIT ORIGINAL ET INÉDIT

PAR

Mme O. DELPHIN BALLEYGUIER

PARIS

LIBRAIRIE ACADÉMIQUE DIDIER

PERRIN ET Cie, LIBRAIRES-ÉDITEURS

35, QUAI DES GRANDS-AUGUSTINS, 35

1896

Tous droits réservés

JOURNAL

DE

MADAME CRADOCK

JOURNAL

DE

MADAME CRADOCK

VOYAGE EN FRANCE (1783-1786)

TRADUIT D'APRÈS LE MANUSCRIT ORIGINAL ET INÉDIT

PAR

Mme O. DELPHIN BALLEYGUIER

PARIS

LIBRAIRIE ACADÉMIQUE DIDIER

PERRIN ET Cie, LIBRAIRES-ÉDITEURS

35, QUAI DES GRANDS-AUGUSTINS, 35

1896

Tous droits réservés

AVANT-PROPOS

D'abord, comment nous est venu ce journal de voyages ? C'est à Londres, au milieu d'un lot de papiers sans importance, chez un brocanteur n'y portant aucune attention, que nous l'avons découvert.

Comment ce manuscrit est-il venu échouer dans cet endroit où il risquait fort de rester à l'état de papier destiné à envelopper un *penny* de poivre ou de tabac ? C'est à quoi nous ne pouvons répondre. Probablement les héritiers de M. et Mme Cradock, dans ces gros cahiers reliés en parchemin, n'auront vu que des notes insignifiantes et les auront compris dans la vente des vieux papiers.

Tout ce que nous avons pu apprendre de l'auteur de ce journal, c'est que Mme Cradock était une jeune femme ayant un mari bien plus âgé qu'elle. A la suite d'une maladie dont il nous a été impossible de connaître la nature, et qui était peut-être le spleen (cette épidémie essentiellement anglaise), les médecins lui prescrivirent de voyager. Naturellement, M. et Mme Cradock tournèrent leurs vues sur la France où les Anglais étaient alors si bien accueillis. Ils traversèrent la Manche et commencèrent par s'installer quelque temps à Paris.

Ils y retrouvèrent une vieille connaissance de M. Cradock, le duc de Lauzun. En effet, ce personnage, très en vue lors de son séjour en Angleterre, avait été reçu à Gumley dans le Leicestershire, propriété de M. Cradock, qui y possédait de vastes et belles chasses.

Ayant l'œil ouvert sur tout ce qui paraissait digne d'attention, Mme Cradock prit le parti de noter chaque jour ce qu'elle voyait. A ces récits, très exactement, simplement et même naïvement rédigés, elle mêle les détails intimes de sa vie journalière et personnelle. Nous avons cru devoir en conserver quelques-uns, parce qu'ils donnent la juste note de l'existence d'une anglaise voyageant à l'Étranger.

Mme Cradock ne paraît pas avoir été une personne supérieure. Elle ne se livre à aucune considération philosophique si fort à la mode à l'époque, ni à aucune réflexion d'une portée élevée. Elle n'aperçoit même, dans ses voyages, à travers la France, aucun indice précurseur de la grande révolution qui se prépare, ou, du moins, il n'en est aucune trace dans son journal. Cette absence de toute vue de l'au-delà est précisément ce qui donne un prix inestimable à ses récits. Elle voit et décrit la vie telle qu'elle était alors, et rien de plus.

Elle est, en revanche, d'une exactitude telle que certaines pages de son journal forment une suite de tableaux saisis sur le vif. Soit qu'elle dépeigne la vie de Paris avec son incessant mouvement, ses processions, ses foires, ses fêtes ; soit qu'elle fasse la description d'un palais, d'un hôtel, d'une habitation comme celle du comte de Bar, elle n'oublie rien dans ses investigations, au point que l'on pourrait, à l'aide de sa relation, reconstituer le palais, l'hôtel ou l'habitation. Enfin, la bonne humeur constante de Mme Cradock, quoi qu'il lui arrive, ne laisse pas que de rendre agréable la lecture de son journal.

Malheureusement, le premier cahier, de minime importance, si nous nous en rapportons au début, a été détruit; car il est évident que Mme Cradock a dû commencer à tenir en règle son journal de voyages du jour où elle mit le pied en France. Dans les cahiers que nous livrons au public, il nous a paru nécessaire de passer certains détails de sa vie intime d'un médiocre intérêt pour le lecteur, et ce n'est pas sans peine et sans recherches que nous avons pu rétablir la véritable orthographe de noms, de lieux et de personnages.

Si le *Journal de Mme Cradock*, dans l'état où nous le présentons, nous semble de nature à faire connaître mieux ce qui a été écrit sur la vie en France dans les cinq ou six années qui ont précédé la Révolution, c'est que l'attention de la voyageuse est attirée par des usages entièrement différents de ceux suivis à cette époque dans la Grande-Bretagne. Et combien aussi ces usages diffèrent-ils de ceux de notre époque!

Par sa manière de voyager, dans ses indications si souvent répétées des heures des repas, des spectacles et des visites, dans ses descriptions si fidèles de coutumes qui la jettent dans un si grand étonnement qu'elle s'empresse de les transcrire sur les feuillets de son journal,

Mme Cradock ne se doute guère de l'intérêt qu'auront pour nous ces menus détails, car elle n'écrit pas pour la postérité, mais pour elle-même.

Pour ce qui regarde M. Cradock, voici ce que nous en avons appris.

Fort bien apparenté et riche, il se plaisait à embellir sa vaste propriété de Gumley, et les littérateurs et les artistes de Londres, dont il s'était fait le généreux Mécène, célébraient à l'envi en vers et en prose la beauté de ses terrasses, lacs et plantations. Il y avait établi un théâtre de société où ses invités et lui-même ne dédaignaient pas de jouer la comédie et la tragédie. On a retrouvé le programme d'une représentation de la *Chute de Wolsey*, adaptation de l'*Henri VIII* de Shakespeare, où M. Cradock tenait le rôle du Cardinal de Wolsey, et Mme Cradock celui de la reine Catherine d'Aragon. M. Cradock traduisit et adapta la tragédie des *Scythes*, de Voltaire, sous le titre de *Zobéide*, et elle fut représentée en 1773 sur le théâtre de Covent Garden à Londres : Mme Yates, actrice en renom, y tenait le principal rôle, et Goldsmith, l'auteur du *Vicaire de Wakefield*, en écrivit le prologue.

Cette traduction valut à M. Cradock une lettre de compliment de Voltaire.

A l'âge de quatre-vingt-trois ans, il publia une autre tragédie intitulée le *Czar*, qui ne paraît pas avoir été représentée. A ce même âge, il se prit à rédiger ses mémoires qui forment quatre volumes imprimés en petit nombre, et n'ont pas été mis dans le commerce. C'est assez dire combien il nous a été difficile de nous les procurer.

Il consacre le premier volume à sa propre biographie. Le second est une espèce de journal composé à l'aide de ses souvenirs et de compilations écrites lourdement, présentant bien moins d'intérêt que le *journal de voyages* de sa femme. Les deux derniers volumes sont consacrés aux œuvres littéraires: comédies, tragédies, pièces fugitives, etc., etc., de l'auteur.

Dans les pages où M. Cradock paraît avoir consulté le *journal* de sa femme, il est bien plus sobre de détails ; les événements étaient trop près de lui pour qu'il crût devoir s'y arrêter et entrer dans des descriptions de mœurs et d'habitudes qui ont pour nous l'intérêt des choses passées.

Rien donc de préparé dans les pages du *Jour-*

nal de Mme *Cradock* en vue d'une publication. N'est-ce pas là la meilleure recommandation en sa faveur?

Afin de compléter nos renseignements, ajoutons que Mme Cradock mourut longtemps avant son mari d'une chute dans son escalier. Quant à M. Cradock, il compromit si largement son immense fortune, qu'il vécut dans ses dernières années d'une pension alimentaire servie par ses créanciers.

Mme O.-Delphin Balleyguier.

JOURNAL DE MADAME CRADOCK

HÔTEL D'YORCK,
 Rue Jacob,
faubourg Saint-Germain.

Paris, lundi 1ᵉʳ décembre 1783.

M. Cradock va mieux. — A onze heures, nous partions pour les Thuilleries d'où devait s'élever le ballon. Descendus de voiture, nous eûmes les plus grandes difficultés à traverser le pont Royal pour arriver jusqu'à la petite porte du jardin. Le duc de Cumberland, qui nous suivait de près, manqua d'être étouffé. La reine, dont l'air sérieux nous frappa, était assise sur le balcon du palais. Les aéronautes Charles et Robert avaient à peine disparu dans les nuages, que M. Cradock traversa à la hâte la Seine sur le bac et rentra à l'hôtel, assez à temps pour envoyer par le courrier le récit succinct de toute la cérémonie. M. Cradock tenait d'autant plus à ne pas manquer le courrier que c'est, je crois, la première ascension de ballon dont les journaux de Londres donneront les détails.

Dimanche 14 décembre 1783.

Aujourd'hui, fête en l'honneur de la paix[1]. A quatre heures, on a chanté le *Te Deum* à Notre-Dame. Le soir, grandes illuminations par toute la ville, surtout dans la Cité, et particulièrement à la Halle-au-Blé, dans la partie basse de laquelle était installé un bal public pour les gens du peuple. Nous y avons assisté en spectateurs, dans une des tribunes dressées pour la noblesse sur un terrain un peu plus élevé, dominant le lieu réservé à la danse. La reine elle-même y est venue, mais *incognito* et pour peu de temps. Sa place était abritée par des tentures formant dais. Elle était accompagnée des Polignac.

M. et Mme George, les capitaines Hood et Oakes ont pris le thé avec nous ; après quoi nous sommes sortis tous ensemble voir les illuminations. Bien qu'il y en eût beaucoup, je ne les ai pas trouvées aussi belles que celles de Londres dans des occasions semblables. Les rues étaient remplies d'une foule de gens de tous rangs ; mais les gardes à cheval et à pied s'acquittaient si bien de leur service, que partout régnait l'ordre le plus parfait.

---

[1] En septembre 1783, par les traités de Paris et de Versailles, l'Angleterre reconnaissait l'indépendance des Etats-Unis d'Amérique, et la France recouvrait ses colonies.

Dans différents carrefours, on avait organisé des bals et des concerts publics. Les musiciens se tenaient hissés sur des estrades. Les fusées et les pétards étaient rigoureusement défendus, de sorte qu'on circulait aussi sûrement que chez soi. A neuf heures, nous étions de retour.

Jeudi 1er janvier 1784.

Dans la matinée, j'ai aidé à faire deux pâtés de porc à la mode anglaise. Cette cuisine, toute nouvelle pour moi, m'a fort amusée. Enfin, mes pâtés terminés, je les ai donnés à cuire à mon traiteur qui n'en avait jamais vu de semblables, et pourtant les a fort bien réussis.

Dimanche 4 janvier 1784.

Le vent a changé ; le temps s'est heureusement adouci, car, depuis huit jours, nous avons de la neige avec un froid tel qu'on ne se souvient pas d'en avoir subi de pareil depuis trente ans [1].

---

[1] Cet hiver de 1783-1784 est mentionné, par Le Gentil et le P. Cotte, comme l'un des plus rudes. La température descendit à Paris jusqu'à 19 degrés. Comme en 1709, il y eut nombre d'accidents de personnes, des gens dévorés par des loups, la circulation interrompue par les neiges, une misère extrême. On manquait de tout, de pain, de bois et d'argent.

Dimanche 18 janvier 1784.

A une heure, M. Cradock et moi partions en voiture jusqu'au pont de Neuilly, à trois milles environ de Paris. Ce pont, très élégant, commande une vue étendue et délicieuse ; la Seine est parsemée dans cet endroit de jolies petites îles plantées d'arbres. De Neuilly à Paris, la route est charmante, et le pays si giboyeux qu'on y rencontre quantité de compagnies de perdreaux, sans compter, qu'à notre grand amusement, nous découvrions souvent vingt ou trente lièvres broutant tranquillement dans les champs, et d'autres s'avançant en troupe quelquefois jusqu'au bord du chemin. Les lois sur la chasse sont si sévères aux environs de Paris que le gibier n'en est guère délogé, et lièvres et perdreaux ne semblent redouter ni hommes, ni chiens. — Revenus à quatre heures à la maison pour dîner.

Lundi 19 janvier 1784.

M. Cradock est sorti ce matin à dix heures pour rendre visite au duc de Lauzun, dans sa villa, à Montrouge, sur la route d'Orléans [1]. La terre était

---

[1] Louis-Armand de Gontaud, comte de Biron, puis duc de Lauzun, né le 14 avril 1747, exécuté le 2 décembre 1793. Célèbre par ses aventures galantes.

couverte de neige ; le chemin très glissant, les chevaux très mauvais : la voiture a failli verser près de la demeure du duc qui, d'une des fenêtres de son cabinet, voyant l'embarras de M. Cradock, envoya à son secours. Après l'avoir accueilli avec toutes les marques possibles de déférence et de cordialité, il insista pour qu'il revînt dans un de ses meilleurs carrosses. Le duc parla moitié anglais, M. Cradock moitié français, et ils passèrent l'un et l'autre une journée fort agréable.

Le soir, été chez Lady Sussex où nous avons rencontré M. Morgan, Mme et Mlles Chichester, etc., etc. Rentrés à huit heures.

Mercredi 4 février 1784.

Après avoir dîné à trois heures, nous sommes allés voir la fameuse foire Saint-Germain [1]. On y vend de tout : des bijoux, des étoffes, de la lingerie et bien d'autres choses. Les marchandises sont disposées avec un goût parfait dans de petites boutiques. Çà et là, des cabarets où se font entendre des musiciens et des chanteurs, et où j'ai été surprise d'y trouver des dames de la société ; mais il

---

[1] Elle se tenait dans le voisinage de Saint-Sulpice, au bout de la rue de Tournon. Elle fut établie par Louis XI, en 1482, et concédée à l'abbaye Saint-Germain-des-Prés.

paraît que c'est admis. Partout des spectacles, des théâtres en plein vent, des bals, des saltimbanques, des marionnettes, etc., etc., des expositions de bêtes sauvages vivantes ou empaillées. Les oiseaux sont surtout fort bien réussis et montés de façon à produire un joli effet. Nous sommes entrés voir des figures de cire. Un des groupes représentait le roi, la reine et le dauphin, assis sous un baldaquin, et un peu plus loin devant eux, accoudés à une table, trois personnages. Ceux-ci figuraient M. de Voltaire, M. Rousseau et le Dr Franklin; ils étaient si bien reproduits qu'on avait su donner à chacun de ces hommes illustres, mais funestes, le caractère de sa physionomie. — Une vieille femme, à côté de nous, était ravie de la satisfaction qu'exprimait M. Cradock à tout ce qu'il voyait. A neuf heures, nous étions de retour.

Lundi 16 février 1784.

Lady Sussex a déjeuné avec moi. A onze heures est arrivé le capitaine Butler, et nous sommes tous partis visiter le palais Bourbon que l'on vient de restaurer en partie. La grande salle à manger est fort belle, décorée de magnifiques tableaux de batailles. Le dessin du parquet en marqueterie est excessivement joli; les portes entièrement en glaces, et autour de

la salle sont rangés des chaises, des fauteuils et
des sophas. Les rideaux en damas bleu sont garnis
de dentelles, de franges, de glands et de torsades
d'or. Dans d'autres pièces, nous avons remarqué de
magnifiques tapisseries des Gobelins et des meubles
recouverts de satin brodé de toute beauté. Dans le
grand salon, vis-à-vis de chaque fenêtre, se trouve
une immense glace ovale, prenant du haut en bas
et reflétant la vue de la rivière et des Thuilleries.
En dernier lieu, nous visitâmes une chambre à coucher tendue de velours cramoisi brodé d'or : le lit
est si haut qu'on y monte à l'aide d'un escabeau
placé devant. Revenus dîner à trois heures.

Mardi 17 février 1784.

A trois heures arrivèrent le capitaine Butler et
M. Minns. Le premier se retira presque aussitôt après
dîner, sous prétexte de lettres à écrire, mais, en réalité, je crois, pour éviter de boire avec M. Minns
plus qu'il ne l'eût désiré. A six heures, M. Butler,
qui part ce soir pour l'Angleterre, m'a fait envoyer
le restant de son bois. Après le thé, nous avons joué
aux cartes et au solitaire.

Mercredi 18 février 1784.

Levée très tard. Lady Sussex a assisté à ma toilette et est restée fort aimablement avec moi jusqu'à trois heures. Vers cinq heures, M. Foucault, le propriétaire de l'hôtel, vint m'engager à descendre voir danser ses domestiques ; j'ai refusé. Il est resté une demi-heure ; je l'ai trouvé très poli, mais très ennuyeux.

Jeudi 19 février 1784.

Lady Sussex est arrivée, ce matin, m'avertir qu'elle viendrait à trois heures me chercher au couvent Saint-Thomas, où je devais assister à une prise de voile avec Mlle Chichester. On prêcha un long sermon sur l'obéissance, la patience, la pauvreté et la chasteté ; après quoi, eut lieu la prononciation des vœux ; le tout dura trois heures. Cette cérémonie, aussi solennelle que triste, est terriblement émotionnante. Lorsqu'arriva le moment où l'on jette le drap mortuaire sur la religieuse, qui s'engage alors par des vœux irrévocables, je me sentis si émue que j'eusse voulu sortir de l'église, et me promis de ne plus jamais revoir pareil spectacle. De toute la journée, je ne pus reprendre ma gaieté ordinaire. Lady Sussex me ramena chez moi à huit heures.

Vendredi 20 février 1784.

Encore sous l'impression de la journée d'hier, à peine ai-je pu dormir. Après dîner, est venu M. Minns; nous ne sommes pas du même avis sur l'état monastique.

Lundi 23 février 1784.

Souffrante et trop fatiguée pour accepter la proposition de Lady Steward et Mlle Chichester, de les accompagner voir les masques.

Mercredi 25 février 1784.

Sortie à midi avec Lady Sussex. Temps superbe et chaud. Nous sommes allées chez la modiste de la reine où nous vîmes des bonnets et des chapeaux plus extravagants les uns que les autres, et d'un prix inouï.

Lundi 1er mars 1784.

Levée à dix heures et écrit des lettres. M. Minns est arrivé après le dîner. Il m'offrit de m'accompagner jusqu'à l'hôtel de Lady Sussex, où je devais aller. Bien que n'ayant pas grande envie de sa compagnie, je dus la subir. Il me fit même comprendre qu'il désirait être présenté à Lady Sussex; mais, à toutes ses insinuations, je fis la sourde oreille. Je passai une agréable après-midi chez Lady Sussex. Pris le thé avec elle, et de retour à dix heures. M. Cradock a quitté Paris.

Mardi 2 mars 1784.

Après avoir envoyé, ce matin, ma domestique au marché, je lui permis d'aller, avec Pierre, voir partir le ballon [1]. J'ai fait mes comptes; et, à deux heures, Lady Sussex est venue me chercher. Le temps était superbe, et la population entière, les uns à pied, les autres en voiture, tous en habits de fête, avait voulu assister au lancement du ballon.

Mercredi 3 mars 1784.

Aussitôt déjeuner, été chez Lady Sussex; nous causâmes, tandis qu'elle terminait sa toilette; puis, nous sortîmes. Visité ensemble une très vieille

[1] Ascension de Blanchard, au Champ-de-Mars.

église, où se voit un superbe tombeau en porphyre d'un empereur romain ; été ensuite nous promener à la foire Saint-Germain. J'étais rentrée à deux heures.

Dimanche 7 mars 1784.

Été me promener dans la matinée avec Lady Sussex. Au moment du dîner, je reçus un excellent poulet rôti, de M. Frank [1], qui me l'envoyait de la part du duc de Lauzun, assez aimable pour nous gratifier sans cesse de gibier et de volailles. A six heures, Lady Sussex vint prendre le thé avec les demoiselles Chichester que j'emmenai ensuite à la foire Saint-Germain. Il y faisait sale, froid et désagréable. Nous sommes entrées dans plusieurs boutiques : tout y était horriblement cher et de mauvais goût ; aussi n'y restâmes-nous pas longtemps.

Mercredi 17 mars 1784.

Visité quelques églises. Dans celle de Saint-Louis-du-Louvre, on remarque le tombeau du cardinal Fleury. C'est une fort belle œuvre ; il est représenté mourant, et la femme pleurant à ses pieds exprime la douleur la plus poignante. Été ensuite à l'abbaye

---

[1] Intendant du duc de Lauzun.

de Saint-Germain où se célébrait la grand'messe. Les chants fort beaux, l'office solennel; mais la tenue des fidèles laissait à désirer, et ce qui m'a surtout étonnée, c'est que l'église sert de passage d'une rue à une autre, de sorte que ce sont des allées et venues continuelles. Il y a quelques belles peintures dans les chapelles latérales.

Après dîner, j'eus une explication avec M. Foucault, qui avait envoyé, sans m'en avertir préalablement, des ouvriers enlever une partie du parquet d'une des chambres que nous occupons. Je le menaçai de quitter son hôtel, non seulement à cause de cela, mais aussi à cause de sa grossièreté et de celle de ses domestiques. Cette scène me rendit malade.

Jeudi 18 mars 1784.

Toute la matinée, ennuyée par des ouvriers. Dans l'après-midi, je me sentis si souffrante que je me mis au lit.

Vendredi 19 mars 1784.

M. Frank m'a indiqué un autre hôtel; mais l'appartement ne me convient pas.

Samedi 20 mars 1784.

M. Foucault est venu me faire ses excuses et me proposer de changer d'appartement. J'y ai consenti. Lady Sussex a passé la soirée avec moi. Ne me trouvant pas encore remise de mon indisposition, elle m'a persuadée de me faire saigner demain. Elle se retira à neuf heures; après quoi je me couchai.

Dimanche 21 mars 1784.

M. Frank m'a amené un chirurgien qui m'a saignée et soulagée aussitôt. M. X... saigne très bien, il a les manières d'un gentilhomme sans fatuité. Lady Sussex a soupé avec moi. Son cocher, qui s'était grisé, n'est arrivé la chercher qu'à minuit. Cependant la soirée ne nous parut longue ni à l'une ni à l'autre.

Lundi 22 mars 1784.

J'ai changé d'appartement; d'autres locataires en ont fait autant; et même un, M. Summer, a quitté l'hôtel, fort mécontent de M. Foucault.

Jeudi 1ᵉʳ avril 1784.

Assez souffrante depuis plusieurs jours, je me trouvai mieux aujourd'hui et louai une voiture pour faire quelques courses. Été, d'abord, chez Mme G...; puis, chez Lady Sussex, qui vint avec moi acheter de la dentelle, des tabatières, etc. etc.; après quoi nous fîmes un tour hors de Paris.

Dimanche 4 avril 1784.

A midi, je suis partie, avec Lady Sussex et M. Frank, visiter une maison de plaisance appartenant au duc de Chartres [1]. Bâtie sur un terrain plat, elle est d'un style bizarre, mélange de français, d'anglais et de chinois.

La serre forme grotte et donne dans des salons construits en rocailles. Des étuves y passent et chauffent la maison, servant spécialement de rendez-vous d'amusements au duc et à ses amis; aussi est-elle aménagée avec le plus grand luxe. La grande salle de bains, en marbre blanc, contient deux baignoires, l'une à eau chaude, l'autre à eau froide. Elle est chauffée par des tuyaux à eau chaude et entourée de divans en velours vert clair.

[1] Qui fut plus tard Philippe-Égalité.

Au fond, se trouve une porte en glace donnant entrée sur un bassin assez grand pour y nager. Une des chambres n'a pas de fenêtres : la lumière y pénètre, pendant le jour, par un plafond transparent sur lequel, le soir, on dispose des lampes. Quoiqu'en dehors du plafond, ces lampes produisent une clarté douce, mais suffisante.

Quand le duc reçoit à souper, on illumine les serres, les salons, tous les appartements, et des guirlandes de fleurs, entremêlées de lampions, forment festons d'arbre en arbre [1].

Vendredi 9 avril 1784.

Été, l'après-midi, au bois de Boulogne. Très désappointée de cette promenade dont on m'avait fait un tel éloge.

Dimanche 11 avril 1784.

M. Cradock est revenu à deux heures. Après dîner, nous allâmes faire visite à Lady Sussex. M. Peters nous conduisit dans sa voiture jusqu'aux Thuilleries où nous nous promenâmes pendant une heure.

[1] Il avait encore deux maisons de plaisance très renommées, l'une à Bagnolet, l'autre à Villers-Cotterets.

Mardi 13 avril 1784.

Été, après déjeuner, voir M. Peters, puis visité l'Observatoire d'où l'on jouit d'une vue sur Paris et la campagne. Trois salles sont remplies d'instruments destinés à étudier les corps célestes. A six heures, été avec Lady Sussex, sur les boulevards. Il est de mode de s'y promener les lundis et mardis de Pâques, aussi y avait-il grande affluence. Cette foule en toilettes printanières, plus de deux cents voitures avec laquais en superbes livrées, les harnais des chevaux agrémentés de glans et de rubans de différentes couleurs; de chaque côté de la chaussée pavée, et abritées par les arbres, des tentes sous lesquelles se débitaient des rafraîchissements, des fleurs et autres objets; par-ci, par-là, des gens dansant : tout contribuait à la gaieté du tableau.

Samedi 17 avril 1784.

A midi, Mme et Mlles Chichester sont venues. Après leur départ, j'ai été voir le marché ; puis, arrivant jusqu'au quai, j'ai traversé l'eau sur le bac. M'étant rendue chez Lady Sussex, qui n'était pas chez elle, j'ai, de nouveau, retraversé la Seine de la même façon.

Dimanche 18 avril 1784.

Avons eu à souper Lady Sussex, M. Peters et M. Bellasyse; gaiement causé jusqu'à onze heures.

Lundi 19 avril 1784.

Me trouvant encore souffrante ce matin, je me suis fait saigner et m'en suis très bien trouvée. Été voir Lady Sussex avec qui je dois aller demain au bain.

Mardi 20 avril 1784.

A onze heures, été avec Lady Sussex aux bains de l'hôtel de Bourbon. Chacun a sa baignoire entourée d'un rideau de coton blanc. On y étend un drap au fond. Rien n'est plus propre, ni plus commode.

Jeudi 22 avril 1784.

Après déjeuner, M. Cradock est parti pour Versailles. A une heure, été me promener sur le pont Neuf. J'ai retraversé en bac et suis rentrée assez fatiguée de ma course. Lady Sussex et M. Peters sont venus prendre le thé et se sont retirés à neuf heures.

Vendredi 23 avril 1784.

A midi, M. Cradock est revenu de Versailles. Il était un peu las, et s'est reposé après dîner.

Samedi 24 avril 1784.

Après déjeuner, été visiter Saint-Eustache. C'est une grande et belle église; on y voit quelques excellents tableaux. Elle était remplie de gens allant et venant; j'y ai même aperçu des vieilles femmes fabriquant des pelotes, bien qu'on célébrât l'office. De là, nous nous sommes dirigés du côté des halles aux draps et aux blés ; elles ne m'ont pas paru aussi bien installées que certains marchés de Londres. Près de là, se trouvait autrefois le couvent des Innocents. Les cloîtres ont été convertis en boutiques où l'on vend des épiceries, des jouets, de la mercerie, etc., etc. ; et l'emplacement du couvent a été transformé en cimetière. Il existe une vieille petite chapelle tombant en ruines, mais on y célèbre encore le service divin. Puis, nous avons suivi la rue Saint-Honoré, longue et large rue qui serait parfaite s'il y avait des trottoirs pour les piétons. Elle est bordée de beaux magasins de tous genres. Je me suis reposée chez un pâtissier où je me suis régalée d'excellents gâteaux, tandis que M. Cradock entrait dans un café. La jeune fille qui me servait était une jolie petite grisette fort aimable. S'apercevant que j'étais étrangère, elle me témoigna beaucoup d'attention, et cela avec un naturel faisant honneur à son éducation.

M. Cradock m'ayant rejointe, nous allâmes à Saint-Roch, belle église dont les chapelles latérales sont ornées de tableaux remarquables. La nef est immense et contient trois autels se suivant. De chaque côté du premier autel, sont deux figures de bronze ; l'une, du roi David, sa harpe à la main ; l'autre, de Moïse tenant les tables des Commandements. Sur le deuxième autel, et tout en marbre blanc, deux anges prosternés à droite et à gauche de la Vierge. Enfin, surmontant le troisième autel, Notre-Seigneur sur la croix, au pied de laquelle sainte Madeleine se tient agenouillée, et un peu plus loin, deux soldats. Ce calvaire, exécuté avec art, et éclairé par la lumière venant d'en haut, produit un effet très saisissant.

De là, revenant par les Thuilleries, nous nous sommes arrêtés pour admirer le Faune de Bouchardon [1], statue qui jouit d'une juste réputation. En sortant des Thuilleries, la poussière nous décida à prendre le bac. L'eau était assez agitée; mais on ne courait aucun danger, et les agréables passagers qui se trouvaient avec nous rendirent la traversée charmante. Revenus très contents de notre matinée.

Dimanche 25 avril 1784.

En sortant de Saint-Sulpice, où j'ai assisté, à onze heures, à une grand'messe solennelle, avec Lady Sussex, nous sommes tombées au milieu d'une foule prenant un vif plaisir à regarder un montreur de singes. Les enfants sautaient de joie autour d'un singe habillé en jupon et en casaquin. Rentrés à trois heures. — Nous finissions de dîner, lorsque des savoyards, s'arrêtant sous nos fenêtres, nous ont donné un concert. Leur musique terminée, deux ou trois groupes de personnes ont pris leurs places pour jouer au volant; mais celles-ci furent bientôt forcées de s'arrêter et de se mettre

---

[1] Le faune endormi de Bouchardon est un morceau d'une grâce achevée, imité librement d'un marbre antique, aujourd'hui à la glyptothèque de Munich. Ce faune, d'abord aux Tuileries, avait été acquis par le Louvre au commencement du siècle. On le donna au jardin du Luxembourg, où les intempéries de l'air le ravagèrent. De retour au Louvre, on le relégua dans une cave où il moisissait depuis vingt ans et d'où on vient de le retirer.

de côté pour laisser passer une procession. En tête, marchaient deux chantres jouant du serpent ; suivait un prêtre portant une bannière de velours rouge, garnie de franges et de glands d'or, au milieu de laquelle étaient brodées en or une croix et les initiales J.-N.-S. Après la bannière venaient deux prêtres et dix enfants de chœur; puis, un prêtre revêtu de ses ornements et portant une grande croix en argent; enfin, environ cent cinquante autres prêtres en surplis, marchant deux à deux et chantant tous ensemble : *non nobis Domine*. La procession à peine hors de vue, nous vîmes arriver un chameau portant un singe sur sa bosse, et mené par un paillasse dansant, chantant et lançant au public des plaisanteries douteuses. Un aveugle, jouant du violon et suivi d'une troupe de gamins, succéda au paillasse. C'est ainsi que se passent la plupart des après-midi du dimanche à Paris : religion et amusements sont confondus. Nous reconnûmes au milieu de la foule notre laitier, vêtu d'un habit à la mode, d'un gilet brodé, de culottes de soie et de manchettes de dentelles. Le lendemain, il avait repris son costume ordinaire. A sept heures, Lady Sussex, M. Peters et M. Bellasyse sont venus prendre le thé et passer la soirée. Nous avons joué au solitaire, et ils sont partis à onze heures.

Mardi 27 avril 1784.

Nous devions aller hier à Saint-Germain; mais, M. Cradock étant souffrant, nous avons remis notre excursion à aujourd'hui. Donc à neuf heures, nous partions dans notre chaise de poste. Le beau temps n'a pas peu contribué à tout embellir sur notre chemin. Nous avons revu le pont de Neuilly. De là à Marly, c'est une suite de vignes, de vergers, de champs de blé, de luzerne, de jardins potagers cultivés avec un soin extrême. A Marly, nous vîmes la machine qui fait monter l'eau de la Seine jusqu'à l'aqueduc et alimente ainsi le parc de Marly et celui de Versailles éloigné de trois milles. Nous nous sommes promenés sur la plate-forme et avons admiré de magnifiques ormeaux.

De Marly au château de Saint-Germain, la vue est ravissante; arrivés au château, nous y sommes montés aussitôt, et avons joui du paysage éclairé par un beau soleil. Après avoir vu, dans la chapelle, un tableau remarquable du Poussin, malheureusement très abîmé, nous descendîmes sur la terrasse. Le château, maintenant divisé en appartements, est tout en pierre; les fenêtres seules sont encadrées de briques qui ajoutent à la gaieté et à l'élégance de la construction. Saint-Germain est une jolie ville, célèbre par sa salubrité. Nous

dînames « Au Prince-de-Galles », et revînmes à
Paris par une autre route. M. Cradock se trouva
si malade pendant notre retour, qu'aussitôt arrivé,
il se mit au lit.

Samedi 1er mai 1784.

Après deux ou trois jours d'indisposition,
M. Cradock, pensant qu'un changement d'air ne
pouvait que lui être favorable, et la journée étant
magnifique, nous résolûmes de pousser jusqu'à
Charenton. A onze heures, nous montions en voiture, pour ne nous arrêter qu'au-delà du pont à
une auberge où l'on nous servit d'excellents œufs
à la coque. Nous étions installés dans la salle commune, et n'eût été la malpropreté du lieu, nous
nous serions fort amusés dans cette auberge rappelant absolument les vieilles habitudes françaises.
On y a un très beau point de vue, et de l'une des
fenêtres on aperçoit la jonction de la Marne et de
la Seine. Nous louâmes un bateau et fûmes littéralement remorqués par un homme et une femme.
La Marne est, à cet endroit, aussi large que la
Tamise à Londres.

La température s'étant rafraîchie, nous remontâmes en voiture pour revenir par Conflans. A
Conflans, se trouve le palais de l'archevêque
de Paris. Sur les derrières des bâtiments, on

peut suivre du regard le cours sinueux de la Seine qui se montre là large et rapide ; le pays alentour est ravissant. Pendant un quart de mille, la route borde la berge de si près, que nous en fûmes effrayés et préférâmes marcher que de rester en voiture. Nous y vîmes débarquer du bois amené par des radeaux, et des barriques de vin transportées sur de grandes barques. L'animation de la scène, l'horizon éclairé de tous côtés par un soleil brillant et une belle soirée, tout concourut à rendre notre promenade charmante.

Mercredi 5 mai 1784.

M. Cradock est allé présenter ses hommages à M. de Choiseul qui vient d'être nommé ambassadeur à Constantinople.

Jeudi 6 mai 1784.

Aujourd'hui, grande revue dans la plaine des Sablons. Temps splendide et affluence énorme, aucune distinction de rang ou de condition. Les voitures de la Cour ont passé devant nous. Celle de la Reine, garnie de velours cramoisi brodé d'or formant festons retenus par des glands d'or, était traînée par huit chevaux dont les crinières tressées avec des galons d'or et des rubans étaient surmontées de plumes blanches. La voiture de Mme Élisabeth était dans le même genre, seulement en velours bleu avec broderies d'argent. On m'a assuré qu'il y avait vingt voitures à huit chevaux et plus de cent à six, les unes et les autres ornées plus ou moins d'or, d'argent, de plumes, de rubans, etc., etc. Les livrées des laquais sont fort belles, et les uniformes des hussards très riches. A la vérité, on eût dit que tout ce qui comportait une roue avait été nettoyé et employé, et que tous les chevaux encore capables de se tenir sur leurs quatre jambes avaient été mis en réquisition. Le luxe des équipages et des toilettes m'a paru le principal attrait de cette fête. Les soldats n'ont fait que passer devant le roi à cheval.

Sa Majesté, ainsi que le comte d'Artois, assez gros tous les deux, étaient fort peu à leur avantage avec leurs habits garnis de dentelles. Suivis d'une foule énorme, ils n'atteignirent qu'avec les plus grandes difficultés une des portes du Bois de Boulogne où les attendait leur carrosse pour les ramener à Versailles. Apercevant le duc de Choiseul qui se tenait à cette porte, le roi s'en approcha pour causer familièrement avec lui. Il lui dit que cette vaste plaine sablonneuse l'avait presque aveuglé et qu'il était content de trouver son carrosse prêt, qu'il allait partir immédiatement sans attendre personne, et que certainement il serait arrivé à

Versailles, au moins une heure avant tout le monde. Mais, au moment de passer par la seconde porte, on s'aperçut qu'on en avait perdu la clef. Ces Messieurs se mirent alors tous à l'ouvrage et, aidés du second postillon, réussirent à enlever la porte hors de ses gonds. Le roi et son frère semblaient fort s'amuser de cette aventure.

On prétend que c'est une des plus brillantes revues passées en France depuis longtemps. Dans l'après-midi j'allai chez Lady Sussex, mais elle n'était pas revenue de la revue. Je fis alors visite à Mme Gregson, et fus de retour à huit heures.

Vendredi 7 mai 1784.

Dans la matinée, loué un bateau et fait une promenade sur l'eau. Le temps était délicieux, l'eau agréable. Lord et Lady Sussex sont venus prendre le thé.

Samedi 8 mai 1784.

A neuf heures, partis pour Saint-Cloud. Nous avions l'intention de profiter de la patache, ou coche d'eau; mais, arrivés trop tard, nous louâmes un bateau. Le vent s'éleva assez pour agiter la Seine et rendre notre voyage fort pénible.

Deux fois, nous fûmes obligés de descendre et d'aller à pied. Le mouvement du bateau me rendait malade ; d'un autre côté, la marche était intolérable par suite de l'ardeur du soleil et des nuages de poussière s'élevant sous nos pas. Enfin, arrivés à Saint-Cloud vers une heure, nous descendîmes à l'hôtel du « Duc-de-Chartres », agréablement situé au bord de la Seine, et dont un des principaux mérites est d'avoir une vue assez étendue. Notre dîner fut proprement servi, mais on nous donna de mauvaises côtelettes de mouton. Après dîner, été nous promener dans le parc et les jardins du duc d'Orléans. Ils sont tracés à la française, c'est-à-dire dans ce style roide où la nature semble à la torture et où, avec l'intention de faire un paradis terrestre, on arrive à produire juste l'effet contraire. Le palais est superbe ; quelques tableaux fort remarquables ; la galerie, excessivement longue, renferme plusieurs beaux bustes en marbre. De là, nous marchâmes jusqu'à Sèvres où nous devions prendre le coche d'eau pour revenir. Cette fois, nous étions trop à l'avance, et pour passer le temps nous entrâmes dans un café. Comme il est d'usage ici, les dames y sont admises aussi bien que les messieurs, et cette scène, nouvelle pour moi, m'a beaucoup amusée. Nous nous embarquâmes à six heures. Le coche d'eau, ou patache, est une sorte d'immense barque pouvant contenir plus de 100 personnes : qu'on se figure au milieu une longue chambre étroite éclairée par des fenêtres de chaque côté. Au centre et autour sont des bancs. Elle est dirigée par un timonier, et remorquée par six chevaux. Ce bateau, assez propre, est d'un transport commode et parfaitement sûr. Le vent s'était calmé, la soirée belle et chaude, de sorte que notre retour fut des plus plaisants. Nous débarquâmes sains et saufs à Paris à huit heures. Le prix pour chaque passager ne va pas au-delà de 12 sous. Fatiguée de ma journée, aussitôt rentrée je me mis au lit.

Dimanche 9 mai 1784.

Ce matin, M. Cradock a été chez Lord Sussex ; moi, au bain. Ce bain chaud, d'une demi-heure, m'a reposée et, comme une vraie Française, revenue à la maison, je me suis fait coiffer. Après dîner, M. Cradock sortit.

Jeudi 13 mai 1784.

M. Cradock mieux est sorti après déjeuner et nous a acheté du poisson. — Sortis de nouveau dans la soirée.

Vendredi 14 mai 1784.

M. Cradock parti par eau à Sèvres pour y passer la journée. Dans la matinée est venu M. Peters. Lord Sussex m'a invitée à prendre le thé ; mais, me sentant un peu indisposée dans l'après-midi, je me suis fait excuser.

Dimanche 16 mai 1784.

Été souffrante cette nuit. Dans la matinée, M. Cradock a été voir Lord et Lady Sussex, M. Peters et M. Bellasyse. Il m'a rapporté un livre pour m'amuser. Il est encore sorti dans la soirée.

Lundi 17 mai 1784.

Après déjeuner, M. Cradock a été chez Lady Sussex. Il m'a acheté pour mon dîner un pigeon qui était excellent. Fait des courses dans les magasins avec M. Frank.

Mercredi 19 mai 1784.

A six heures du matin, M. Cradock est parti par eau pour Fontainebleau où il compte séjourner un jour ou deux. Malheureusement, la Cour n'y étant plus, il ne pourra profiter des entrées que lui a si gracieusement données notre ambassadeur, le duc de Manchester, lui permettant d'assister au souper et au jeu du roi.

Jeudi 20 mai 1784.

Ce matin, Lord Sussex est venu m'inviter à passer la journée chez eux en famille. Je suis donc partie avec lui en fiacre ; la chaleur était si accablante qu'impossible de marcher. Dans l'après-dînée, sont arrivés M. Bellasyse et M. Davis. A huit heures, nous fûmes nous promener dans les jardins du Luxembourg et, vers dix heures, je quittais mes aimables amis. Nous avions eu un orage accompagné de pluie ; je voulus, pour retourner chez moi, prendre une voiture ; mais, jeudi étant un jour de congé, il ne fallait pas songer à un remise. Il y avait trois fiacres sur la place ; pourtant, telle est la nature des gens du peuple, à Paris, que j'eus beau offrir trois fois le prix du tarif ordinaire, tous refusèrent de me conduire, répondant qu'ils avaient, ce jour-là, de quoi souper et boire et que rien ne les forcerait à bouger. Je fus donc obligée, bien à contre-cœur, de revenir à pied.

Vendredi 21 mai 1784.

Lady Sussex vint me voir après dîner, et à ma grande surprise, presque aussitôt son départ, est arrivé M. Cradock. Il s'était trouvé malade en route, et n'était pas allé jusqu'à Fontainebleau.

Samedi 22 mai 1784.

M. Cradock a rapporté un superbe barbeau, poisson assez rare à Paris. Ayant invité Lord et Lady Sussex à venir le manger avec nous sans cérémonie, nous le fîmes, à la grande stupeur de notre traiteur, accommoder à la mode anglaise. Il fut trouvé bon.

Dimanche 23 mai 1784.

Été ensemble, à onze heures à la grand'messe à Notre-Dame. Ayant appris que, le dimanche suivant, jour de la Pentecôte, l'archevêque de Paris [1] officierait lui-même, nous nous informâmes auprès d'un des desservants de la cathédrale, s'il y avait moyen d'avoir accès dans les galeries pour assister à cette cérémonie. On fit venir un des gardiens,

[1] Antoine de Guigné, arrière-grand-oncle de Mgr d'Hulst.

lequel nous répondit que notre entrée coûterait à peu près un schelling par personne, et qu'encore faudrait-il envoyer un domestique pour retenir le nombre de places que nous désirions occuper.

Voici en quels termes étaient rédigées les affiches annonçant cette cérémonie : « Grand'messe en musique à Notre-Dame, où Monseigneur l'Archevêque officiera. Le soir, concert spirituel et combat de taureaux. »

De là, nous fûmes au jardin du roi. Au milieu des parterres de fleurs et, de chaque côté, deux magnifiques avenues. A l'extrémité du jardin, des allées bordées d'orangers et de myrthes en caisses conduisent à un monticule. M. de Buffon nous servit aimablement de guide et nous signala les plantes les plus rares, entre autres deux magnifiques palmiers éventails de près de 30 pieds de haut. Ce sont, nous assura-t-il, les seuls qui existent en Europe. Été ensuite au café, prendre de la limonade. A deux heures, nous étions de retour.

Mardi 25 mai 1784.

Visité la Bibliothèque royale, où on est admis de dix heures à midi, tous les jours, excepté le dimanche. Les livres y sont à la disposition du public, soit pour les lire, soit pour les consulter.

La Bibliothèque, bâtie autour d'une grande cour, comprend six salles garnies de grandes tables avec papier, encre, etc. En haut est une galerie remplie de volumes rangés sur des rayons, et en bas deux immenses globes terrestres posés de façon à pouvoir les étudier sur toutes leurs faces. Une salle est spécialement destinée aux dessins et aux gravures. C'est un beau monument digne de porter le nom de Bibliothèque Royale. Après nous être reposés au Palais-Royal et rafraîchis avec de la limonade glacée, nous reprîmes le bac pour rentrer.

Jeudi 27 mai 1784.

Été aujourd'hui voir le cabinet d'histoire naturelle du roi, comprenant six salles bien aménagées et tenues avec soin. Parmi les pierres, nous avons surtout remarqué une fort belle topaze finement taillée. Ce cabinet vaut la peine d'être vu, mais n'égale pas celui de Sir Ashton Levers, en Angleterre. Par ordre du roi, l'entrée est gratuite deux jours par semaine, de quatre à six en été, et de onze à une heure en hiver. De là nous rentrâmes dans le Jardin du roi et fîmes l'ascension du monticule d'où l'on découvre la campagne et une partie de la ville. A notre retour, nous trouvâmes Lord Sussex nous attendant. Il resta une heure avec nous, et à huit heures M. Cradock alla au bain chaud.

Dimanche 30 mai 1784.

A huit heures du matin, nous arrivions à la grand'messe à Notre-Dame. Je ne vis jamais rien de plus magnifique que les habillements de l'archevêque; trois fois il en changea. J'ai surtout admiré une chasuble en velours cramoisi, doublée de satin blanc, et brodée d'or et de perles. L'aube était en dentelle d'une finesse extrême. Il portait des gants de soie rouge brodés et garnis de franges d'or. Sa crosse en or. Seize évêques officiaient, tous revêtus de riches ornements, sans compter plus de quarante prêtres, chanoines et autres dignitaires du clergé qui prenaient part à la cérémonie. Les chants remplissaient la cathédrale de leurs accords puissants. Outre les violons et les flûtes, l'orgue était accompagné de deux basses, six violoncelles et deux serpents. Du bas de l'autel jusqu'à l'entrée du chœur, de très beaux tapis de Gobelins cachaient le sol. Tous les candélabres, flambeaux, vases, etc., sont en or; au milieu de l'autel, j'ai aperçu un superbe crucifix en or incrusté de pierres précieuses. D'innombrables bougies éclairaient la vaste nef. On ne peut rien imaginer de plus saisissant. L'assistance relativement peu nombreuse, car le beau monde était allé à Versailles assister à la splendide procession du Cordon bleu, suivait l'office avec une attention et une curiosité soutenues. L'archevêque paraissait très recueilli. Agé et très aimé du peuple, il jouit d'une juste réputation de bonté, de piété et de modération. La messe ne finit qu'à midi. M. Cradock retourna à la maison, et moi je fus chez Lady Sussex.

A sept heures dans la soirée, nous allâmes à la foire de Saint-Laurent qui commence aujourd'hui, et entrâmes à la Redoute Chinoise. C'est un jardin orné dans le style chinois, et pourvu de tous les amusements désirables : danse, musique, balançoires, courses autour d'une sphère, tirs, etc., etc. Au bout du jardin une grande salle de bal avec une galerie d'où l'on peut aisément contempler les danseurs. A l'intérieur de cette salle, dans un caveau, on vend des rafraîchissements servis sur des tables. De là, l'aspect du jardin est très pittoresque.

Nous nous fîmes conduire ensuite au Clos Saint-Lazare, où l'on devait tirer un feu d'artifice monté par le célèbre italien signor Ruggieri. Cet endroit est quelque peu dans le genre du Wauxhall à Londres. Des arbres, pendaient des lanternes de couleurs différentes et, autour d'un emplacement réservé à la danse, douze statues de bronze tenant des lampes à la main éclairaient les danseurs. L'effet m'en parut très original. A neuf heures et demie, commença le feu d'artifice par des fusées. La pièce principale représentait une grande étoile fixe, autour de laquelle se mouvait en replis tortueux un serpent étincelant de mille feux. On eût dit la peau de cet animal fantastique couverte de pierres précieuses. On n'avait jamais vu, nous a-t-on dit, une pièce aussi curieuse. Enfin, tout se passa avec le plus grand éclat et sans le moindre accident, quoique deux mille spectateurs, pour le moins, fussent réunis à cette fête.

A onze heures, nous étions de retour, fatigués, mais satisfaits de notre journée si bien employée.

Mardi 1ᵉʳ juin 1784.

Après déjeuner, été voir le Garde-Meuble du roi, confié aux soins de M. Randon de Pommery, sous la direction de M. de Fontarieu, intendant et contrôleur général des meubles de la couronne. Le public est admis à le visiter les premiers mardis de chaque mois, le matin depuis neuf heures jusqu'à une heure, depuis la Quasimodo jusqu'à la Saint-Martin.

La première salle renferme de curieuses armures de toutes les nations. Nous avons particulièrement admiré la cotte de mailles et le casque d'une armure chinoise. On dirait, à les voir, tant le travail en est fin et brillant, un tissu composé de nattes de strass ; mais l'une et l'autre, nous a-t-on assuré, d'une légèreté incomparable et absolument impénétrables. Dans la deuxième salle, sont exposées de superbes tapisseries anciennes et des étoffes de velours d'or et d'argent brodées d'or et de perles servant au sacre des rois. La troisième et dernière salle, dont les portes sont en glaces, est garnie de vitrines renfermant des pièces d'argenterie et de cristallerie des plus rares, des bijoux, des jouets en or ou en argent et même des habillements. Nous y avons vu la robe d'apparat, le turban et la ceinture du Grand Seigneur[1]. La ceinture est splendide, et, si la moitié des pierreries qui l'ornent est vraie, elle vaut des millions. Les gardiens placés aux portes des salles ne doivent accepter aucune gratification. En sortant, nous nous arrêtâmes quelque temps aux Thuilleries. A midi, j'allai à la messe à Saint-Louis, et pour rentrer je traversai la Seine en bac.

Vendredi 4 juin 1784.

M. Cradock s'habilla dès le matin, et alla en voiture rendre visite à Lord Malden, Lord Sussex

---

[1] Sélim III, détrôné en 1807 et étranglé en 1808.

et M. Bellasyse. L'après-midi, nous allâmes à l'Opéra. On donnait *les Danaïdes*, de Salieri. La représentation fut parfaite, et Mme Saint-Huberty[1], qui tient le premier rôle de femme, a un talent exceptionnel. Son jeu est aussi remarquable que sa voix. L'ouverture de cet opéra est délicieuse, et les exécutants sont excellents. La salle était comble; mais non seulement nous arrivâmes à nous procurer de très bonnes places, mais encore nous eûmes le plaisir de partager notre loge avec de très aimables personnes de distinction. A la sortie de l'Opéra, été au Palais-Royal, où il est d'usage de se rendre après le théâtre. Nous nous fîmes servir des glaces au citron et de la limonade, et nous prolongeâmes notre promenade jusqu'à dix heures et demie.

Dimanche 6 juin 1784.

A onze heures, été avec M. Cradock à la grand'-messe à Saint-Sulpice. De là, dans les jardins du Luxembourg où nous nous assîmes sous les grands arbres jusqu'à deux heures. En revenant, nous avons visité une chapelle « Dieu de Charité », dépendant de l'hôpital de la Charité. Les vêpres venaient de commencer, et j'ai été frappée du recueillement des

---

[1] Cantatrice célèbre, née en 1756, morte en 1812.

assistants, qui suivaient attentivement le service. Nous étions de retour à trois heures et demie. A quatre heures et demie, éclata un violent orage avec accompagnement de pluie, d'éclairs et de tonnerre qui rafraîchit la température, vraiment suffocante depuis quelques jours.

Lundi 7 juin 1784.

Ce matin, à huit heures, nous nous embarquions sur la patache, et arrivions à Sèvres à onze heures. M. Cradock lia vite connaissance avec un Monsieur fort aimable, professeur d'histoire naturelle, et pendant le voyage ils restèrent dans la cabine, lisant à haute voix *le Voyage sentimental*, de Stern. Je montai sur le pont avec les autres passagers. A Sèvres, nous nous séparâmes, et je fus avec M. Cradock visiter la verrerie. Deux des principaux employés nous pilotèrent. A peine étions-nous entrés dans la manufacture qu'un des chefs d'atelier, que je reconnus aussitôt pour un compatriote, s'avança vers nous, et voyant que nous étions Anglais, commença à parler d'une façon offensante de tous les Français, particulièrement de ses collègues. S'animant peu à peu, il arriva à un tel point d'irritation qu'il se mit à jurer contre ceux qui nous accompagnaient. Ceux-ci, sans prononcer un mot, se retirèrent l'un après l'autre. Après leur départ, il s'excusa de son mieux vis-à-vis de nous, et nous dit que sa colère venait surtout de la manière dont on le traitait à la manufacture. Nous découvrîmes que cet homme était un habile ouvrier anglais, auquel on avait persuadé, par l'appât d'une forte récompense, de venir en France et d'y dévoiler quelques secrets de son métier; mais, lorsqu'on sut que, d'après les lois anglaises, ce traître ne pourrait plus rentrer dans sa patrie, non seulement on ne lui tint compte d'aucune promesse, mais on abusa même de son talent et de son travail. On nous mena dans le magasin; tout y est extrêmement cher, et on nous fit payer une demi-couronne (valeur de 3 francs environ) un petit carafon à vinaigre. De là, nous allâmes par le bois à Saint-Cloud, où nous dînâmes dans un hôtel très propre, mais assez cher. A la fin du dîner, la femme qui nous servait m'apporta un superbe bouquet de roses. Je restai sur la berge, tandis que M. Cradock s'embarquait et visitait les bateaux où les pêcheurs gardent le poisson. Les anguilles de Seine sont énormes, et leur prix en proportion; quelques-unes coûtent 19 livres pièce. Ensuite, nous nous promenâmes dans le parc et les jardins du duc d'Orléans, y vîmes le ballon destiné à l'Angleterre[1],

---

[1] La première ascension en Angleterre se fit le 14 septembre 1784; la seconde, le 16 octobre de la même année.

puis grimpâmes sur la colline faisant face au palais. On y accède par de jolies routes coupées dans les bois, et du sommet on découvre un vaste panorama. Dans son parcours sinueux, la Seine arrose une vallée charmante et fertile, parsemée de jolies petites habitations. A droite, le village de Sèvres; à gauche, Saint-Cloud; non loin, le mont du Calvaire, et, comme fond, Montmartre près Saint-Denis; puis, les beaux bois, les vignes, les châteaux, les pavillons, enfin tout ce qui peut contribuer à la beauté d'un paysage. Nous restâmes près d'une heure à jouir de ce tableau enchanteur. Nous rencontrâmes là un garde-chasse du duc d'Orléans qui nous amusa beaucoup par sa conversation pleine d'entrain. Il nous raconta comme quoi et comment ses fonctions consistaient à garder la chasse de Monseigneur, et à fournir sa table de gibier fort abondant dans ces parages. « Je dois aussi veiller, ajouta-t-il, à ce que ceux qui se promènent ne commettent aucun dégât, soit aux arbres, soit aux statues. Envers vous, Monsieur, dit-il en s'adressant à M. Cradock ou envers des personnes de votre qualité, je suis aussi poli que possible; mais, en face de petites gens, oh! alors, je prends mon air digne, celui de mon maître le duc, et je ne crains pas de leur parler de la bonne façon. » Ce disant, le garde-chasse se leva, car il était assis auprès de nous, et nous fit entendre, d'une voix forte et pompeuse, comment il abordait les *petites gens*. Il semblait très heureux de l'attention que nous lui prêtions.

Retournés à Sèvres à pied, nous entrâmes dans un café, et à six heures nous nous embarquions sur la patache pour revenir à Paris. Tous nos passagers du matin s'y trouvaient, et l'aimable professeur me présenta M. Charles, un des propriétaires du ballon [1]. Sa conversation était des plus intéressantes : il comprenait l'anglais, mais le parlait difficilement. Il proposa à M. Cradock de le faire assister au gonflement d'un ballon aux Thuilleries « si, toutefois, ajouta-t-il, vous ne redoutez pas de passer la nuit ». M. Cradock accepta avec plaisir.

De retour à Paris, à huit heures, M. Cradock se rendit aux bains chauds, et je rentrai à la maison, après une journée des plus agréables.

Mardi 8 juin 1784.

A onze heures, assisté à la grand'messe à l'abbaye de Saint-Germain. A cinq heures, M. Cradock alla au couvent des Chartreux et se promena dans

---

[1] La physique lui est redevable de fort belles expériences. Il eut le premier l'idée de remplacer par l'hydrogène l'air dilaté par l'eau bouillante, employé dabord pour le gonflement des ballons.

les jardins. Comme il n'est permis à aucune femme d'y entrer, je restai chez moi.

A huit heures, été nous promener au Palais-Royal, où nous sommes restés jusqu'à dix heures.

Mercredi 9 juin 1784.

A onze heures, été à la messe à la chapelle de la Charité; puis avec Lord et Lady Sussex, acheter de la mousseline à l'hôtel Sabac, et de là aux Champs-Élysées où nous sommes restés jusqu'au dîner.

Jeudi 10 juin 1784.

Aujourd'hui fête du Saint-Sacrement. Cette fête, une des plus grandes de l'année dure huit jours. On porte le Saint-Sacrement processionnellement dans les rues décorées par les paroisses. Portes et fenêtres disparaissent sous les tentures de tapisseries. En tête, des enfants de chœur jettent des fleurs sur tout le parcours; puis, précédé de sa musique, un détachement de gardes françaises en grande tenue, gants blancs, bas de soie blancs, bouquets au bout de leurs mousquets. Viennent ensuite les valets appartenant à la noblesse de chaque paroisse, en livrées magnifiques, un cierge à la main entouré d'un papier où sont peintes les devises et les armes de France. A chaque cierge pend un écusson aux armes de la famille à laquelle appartient le serviteur; s'avance après un détachement de Suisses, puis les prêtres en surplis, un seul en soutane tenant la bannière de l'église; ceux-ci suivis d'autres prêtres revêtus de leurs habillements les plus somptueux. L'un d'eux porte le Crucifix, et de chaque côté marchent dix suisses, quelques prêtres en surplis tenant à la main de gros cierges allumés; des enfants de chœur jetant des fleurs, et enfin, revêtus de chasubles splendides, les prêtres chargés de porter le Saint-Sacrement s'avançant sous un magnifique dais.

Cette procession se terminait par un détachement des gardes françaises. Elle s'avança ainsi avec ordre à travers les rues garnies de tapisseries et de guirlandes, jusqu'à l'église où l'orgue se fit entendre aussitôt qu'on aperçut le Saint-Sacrement. A l'autel, on donna la bénédiction.

On nous dit que cette belle procession n'égale pas en splendeur celle qui se fait à Versailles et que suivent le roi, la reine et une grande partie de la Cour.

Vendredi 11 juin 1784.

M. Cradock a congédié ce matin notre laquais, qui s'est montré d'une rare impertinence. Puis, il sortit et revint au bout d'une heure me proposer d'aller aujourd'hui à l'Opéra, le roi de Suède[1] devant assister à la représentation. J'acceptai avec plaisir, et M. Cradock envoya retenir un remise. A quatre heures, nous partions. Nous ne pûmes obtenir que difficilement des billets, et encore nous demanda-t-on un prix beaucoup plus élevé qu'à l'ordinaire. Arrivés à la porte de la loge, l'ouvreuse nous dit qu'elle ne pouvait nous y introduire, et qu'il fallait attendre, vu que toutes les loges étaient louées d'avance. Nous attendîmes, en effet, pendant près de deux heures dans le couloir; mais je ne m'ennuyai pas, car on arrivait en foule, et je m'amusais à considérer les uns et les autres. Enfin, cependant, avec des marques spéciales de politesse que nous valait notre qualité d'étrangers, on nous fit entrer dans la loge du maréchal de Biron où nous nous trouvâmes au milieu d'un cercle des plus choisis et des plus aristocratiques. La reine était vis-à-vis. J'étais contente de m'être mise en toilette, quoique ce ne soit pas ici l'usage, en général. Un de ces messieurs, entendant de quelle façon on avait taxé le prix de nos places, en fut indigné et insista pour que M. Cradock se rendît avec lui au bureau faire vérifier le prix des billets. Ce monsieur reprocha vivement d'avoir osé ainsi imposer

[1] Gustave III, né en 1746, assassiné au milieu d'un bal masqué dans la nuit du 15 au 16 mars 1792.

des étrangers, et finalement fit rendre immédiatement à M. Cradock ce qu'on lui avait demandé de trop. A six heures, le roi de Suède entra dans sa loge placée juste en face de la scène et déjà occupée par le comte de Vergennes et différents ministres étrangers.

La salle entière se leva et applaudit, les dames aussi bien que les messieurs. Le roi de Suède est plutôt grand : sa physionomie douce inspire de la sympathie. A la suite de nouveaux applaudissements, il salua une seconde fois plus bas encore que la première et avec infiniment de grâce. Il était superbement vêtu ; mais ses cheveux ne sont pas taillés à la mode, et j'ai trouvé que cette coiffure ne lui seyait guère.

On jouait *Didon*, de Piccini. Mme Saint-Huberty remplissait le rôle de Didon et s'y surpassa. Sa Majesté de Suède semblait prendre grand plaisir à l'entendre, car il donna plusieurs fois le signal des applaudissements[1]. Un des spectateurs, occupant avec nous notre loge, fit la juste remarque qu'aucune des deux reines, celle de France, celle de Carthage, n'était ni poudrée, ni fardée.

A neuf heures, l'opéra terminé, nous nous retirions facilement, car notre qualité d'Anglais nous

---

[1] « J'ai réellement éprouvé, disait cette célèbre artiste, après une représentation de *Didon*, l'impression que j'ai communiquée au public. »

valut d'être accompagnés par un détachement de Suisses jusqu'à notre voiture.

Aussitôt après, nous avons pris des glaces au Palais-Royal, où nous nous sommes promenés jusqu'à onze heures. Rentrés enchantés de notre soirée.

Dimanche 13 juin 1784.

Dans l'après-midi, été avec Lord et Lady Sussex et M. Bellasyse au séminaire anglais[1], assister à la procession. Elle ressemblait à celle vue précédemment ; seulement les ornements des prêtres étaient encore plus beaux. Le Saint-Sacrement était précédé d'un agneau orné de fleurs et de rubans, près duquel marchait un enfant vêtu d'une peau de brebis rappelant saint Jean. Une femme, ayant entre ses bras un petit enfant tenant un crucifix, représentait la sainte Vierge et était suivie d'une vingtaine d'enfants, tous couronnés et enguirlandés de fleurs. La cérémonie terminée, Lady Sussex me ramena chez moi.

Lundi 14 juin 1784.

Dîné avec Lord et Lady Sussex chez M. Bellasyse. Repas très élégant, bien ordonné, excellent. Deux

---

[1] Les Bénédictins anglais, rue Saint-Jacques. Les restes de Jacques II et de Marie Stuart y avaient été déposés.

services avec dessert, glaces, crèmes, fruits, etc. Le supérieur du séminaire, l'abbé Gordon, était au nombre des convives.

Jeudi 17 juin 1784.

A neuf heures, nous entrâmes dans un café près duquel devait passer la procession de Saint-Sulpice. On nous donna une fenêtre où nous étions admirablement placés pour jouir de cette cérémonie, laquelle a dépassé encore, en solennité et en richesse, celles auxquelles nous avions assisté précédemment. J'ai trouvé la musique et les chants splendides. Il est d'usage, ce jour-là, de mettre en liberté un certain nombre de prisonniers condamnés pour dettes. Ceux-ci suivent la procession, recouverts d'une grande étoffe de drap grossier pendant jusqu'à terre, et qu'ils ramènent sur la tête de façon à ne laisser voir que les yeux. On la leur donne après, avec leur part d'argent recueillie pour eux le long du chemin, et j'ai pu constater qu'on leur faisait largement l'aumône. Le propriétaire du café et sa sœur furent on ne peut plus gracieux pour nous et ne voulurent accepter aucune rémunération. De là, nous allâmes rue Saint-Honoré pour retomber sur une autre procession, celle de la paroisse Saint-André-des-Arcs. Des prisonniers en faisaient également partie ; mais elle ne valait pas les deux autres.

Le Louvre, le Luxembourg et le Palais-Royal sont aujourd'hui, durant une partie de la journée, tendus de tapisseries, dont quelques-unes sont superbes. Après, j'allai avec M. Cradock, prendre des glaces au Palais-Royal. A quatre heures, nous rentrions à la maison, et à sept heures, en compagnie de trois de nos amis, nous allions voir les jardins du maréchal de Biron[1]. On les dit les plus beaux de Paris, et l'on obtient rarement la permission de les visiter. Ces jardins, tracés à la française, sont d'une régularité désolante. Des arbres plantés en lignes droites, tout près les uns des autres ; çà et là des parterres encadrés symétriquement de pots de fleurs ; quelques bassins à jets d'eau, avec une statue au milieu ; beaucoup d'orangers et de citronniers en caisses. Somme toute, quoique très vastes, il règne dans ces jardins une triste uniformité. Mais la soirée était belle, nous étions gais, et notre promenade fut charmante.

Vendredi 18 juin 1784.

Ayant été empêchés par un importun de faire notre promenade du matin, nous prîmes notre

[1] Ce sont les jardins actuels du couvent du Sacré-Cœur, rue de Varennes.

revanche cette après-midi. Nous avons admiré sur les boulevards un jardin ravissant, auquel conduisait une longue allée bordée d'abricotiers et de vignes formant festons, le tout en fleurs. Entrés dans un café pour nous rafraîchir, nous y entendîmes un excellent orchestre. On n'eut pas plus tôt deviné que nous étions Anglais, que les musiciens attaquèrent le *God save the King*. Ensuite deux jeunes filles exécutèrent un duo sur le cor français. Une fois reposés, nous avons flâné dans quelques rues nouvelles avoisinantes, et sommes retournés en notre logis.

Samedi 19 juin 1784.

Après déjeuner, été visiter l'église Saint-André-des-Arcs, ancienne, et d'une architecture remarquable. Elle contient quelques beaux tombeaux, de bons tableaux et surtout des vitraux admirables. De l'église, nous pûmes jeter un coup d'œil dans la cour de l'École de Médecine, nouveau bâtiment élégamment construit. Trois fois par semaine, on y fait des cours d'anatomie. Puis, nous allâmes voir les restes de l'ancien palais des Empereurs romains, qu'on appelle les « thermes de l'Empereur Julien ». On n'en peut guère juger à présent que par un vaste trou circulaire conduisant à des souterrains et servant actuellement de débarras aux débris amoncelés du vieux palais; cependant un pan de mur à découvert permet d'apprécier l'œuvre des Romains[1].

Lundi 21 juin 1784.

A dix heures du matin, procession des docteurs et étudiants du Collège de la Sorbonne, tous avec leurs insignes distinctifs de Théologie ou des Sciences.

Les quatre facultés y sont représentées :
1° La faculté très sacrée des Théologiens ;
2° La faculté très consultante en Droit Canon ;
3° La faculté très salubre des Médecins ;
4° La faculté noble des Arts.

Au milieu, marchait le proviseur de la Sorbonne ; son manteau à longue queue unie, portée par quatre étudiants en riches costumes, mais sans manteaux, découvrait à demi sa robe de soie rouge garnie de glands d'or.

---

[1] Les Thermes de Julien et l'hôtel de Cluny devinrent propriété nationale lors de la Révolution. Le Musée a pour origine la collection du baron de Sommerard, achetée par la Ville de Paris en 1843.

Mardi 22 juin 1784.

Été voir le Palais de Justice nouvellement reconstruit[1] avec goût. Il est contigu au Parlement. Nous entrâmes dans la Chambre du Grand-Conseil, elle est admirablement décorée. La foule s'y pressait, car on jugeait une affaire importante. Les avocats plaidaient avec véhémence, et de temps en temps, joignant le geste aux paroles, frappaient la barre du poing. L'un d'eux semblait tellement en colère que nous crûmes un instant qu'il allait se jeter sur son confrère. Son exaspération arriva au point de provoquer les rires de toute l'assemblée. Nous partîmes avant de connaître le résultat des plaidoiries, et allâmes place de Grève, où sont exécutés les condamnés ; puis au Châtelet, vieux bâtiment aménagé en vue de son emploi. Dans la plus grande salle, celle où sont jugés les criminels, il y a de beaux tableaux. Nous avons ensuite visité l'église Saint-Jean, si sombre qu'on découvre avec peine les sculptures et les peintures de valeur qui l'ornent ; enfin, l'église Saint-Gervais, considérée comme un modèle d'architecture, spécialement le portail. Une partie du chœur est tendue de magnifiques tapisseries représentant des épisodes

---

Un incendie en avait détruit une partie en 1776.

de l'histoire de la Bible. Cette église possède des tableaux et des vitraux remarquables et, dans les chapelles latérales, quelques monuments funèbres dignes d'être notés. Par exemple, c'est l'église la plus sale que nous ayons vue, et son obscurité s'augmente encore de toutes les maisons qui l'entourent. Tandis que nous étions là, eut lieu un enterrement; sur le grand autel tendu de noir, je remarquai un crucifix d'argent. Quarante prêtres et à peu près autant d'enfants de chœur, portant des cierges, s'avancèrent jusqu'à la porte, au-devant du cercueil qu'ils accompagnèrent ensuite jusqu'au cimetière en chantant des psaumes.

Jeudi 24 juin 1784.

Ce matin, à neuf heures, après déjeuner, nous avons été voir un splendide service de Sèvres, dont le roi fait cadeau au roi de Suède. Tout le service proprement dit est doré et admirablement peint. Les ornements de table consistent en statuettes et en groupes de porcelaine hauts de 2 pieds. Les premières représentent en différentes attitudes des hommes célèbres : généraux, littérateurs ou autres ; les seconds, des sujets d'histoire. La peinture est d'un fini extrême, et on semble presque deviner la pensée des personnages par l'expression de leur physionomie. Revenus enthousiasmés.

Dimanche 27 juin 1784.

Été nous promener aux Champs-Élysées, et, de là, visiter le couvent de l'Assomption, dont le dôme est richement doré. Les religieuses assistaient à l'office, séparées de l'église par une grille de fer et un rideau vert assez court; nous pouvions les apercevoir. Elles nous regardaient curieusement. Une d'entre elles, une jeune novice, tout en blanc, était charmante. Je ne pus m'empêcher d'éprouver un serrement de cœur en pensant à la vie de recluse qui lui était destinée. De là, nous allâmes aux Franciscains, vieil édifice très mal tenu, mais contenant cependant quelques bonnes peintures.

Mardi 29 juin 1784.

Dans la soirée, nous nous fîmes conduire en voiture jusqu'à la barrière au bout des Champs-Élysées. Là, nous ordonnâmes à notre cocher de nous attendre, tandis que nous allions jusqu'au Gros-Caillou, grand village, à deux milles de Paris, admirablement posé sur une colline et commandant une belle vue. Près de là, on a installé une pompe à feu que l'on fait manœuvrer par la vapeur et à l'aide de tuyaux qui transportent ainsi l'eau dans plusieurs quartiers de Paris. Nous sommes revenus ensuite à l'endroit où nous avions laissé notre voiture, mais, hélas! le cocher avait disparu, et il fut impossible de le retrouver. Il était alors près de neuf heures. Je me sentais fatiguée, et n'avais pas le courage d'affronter à pied la distance de là à notre hôtel. Ayant donc avisé un restaurant, nous y entrâmes. La maison est tenue par un Suisse qui fait en même temps l'office de cuisinier, et, en vérité, il ne peut en avoir de meilleur. Il nous servit des pigeons en papillottes, d'excellent Bourgogne et du pain exquis. La salle contenait huit tables, chacune de six couverts et dressées avec des nappes très propres. Reposés et réconfortés, nous pensions revenir à pied; d'ailleurs, la lune brillant de tout son éclat, l'air pur et tiède nous y engageaient; cependant, ayant par hasard rencontré un fiacre, nous en profitâmes, et arrivâmes chez nous à onze heures, très satisfaits de notre petite excursion.

Mercredi 30 juin 1784.

Été, ce matin, chez les bijoutiers du roi voir les cadeaux destinés au Grand Seigneur : 1° Dans une magnifique caisse de velours rouge rehaussée d'or :

une carabine, une paire de pistolets, un cimeterre et une dague, enfin des armes à feu en ébène finement damasquinées; les fourreaux sont en or ciselé. 2° Une aiguière et son couvercle en or; un brûle-parfum en or en forme d'artichaut; les feuilles s'entr'ouvrent pour y déposer le parfum : c'est un objet très curieux. 3° Une cafetière, un crémier et un plateau en or merveilleusement travaillés. 4° Un petit coussin en velours cramoisi brodé tout autour de perles et d'or garni de franges d'or. Sur ce coussin, quatre petites tasses et quatre petites cuillères en or, incrustées de pierres de différentes couleurs; au milieu de ces tasses, une petite boîte d'une richesse exceptionnelle. Sur le couvercle, la France entourée d'une guirlande de fleurs, le tout en diamants et formant médaillon. Le tour de la boîte était parsemé de pierreries montées à jour. L'effet en était si léger et si transparent qu'on eût pu craindre que le moindre attouchement ternît ce joyau. 5° Un écrin en velours bleu et argent, contenant quatre superbes montres en or avec leurs chaînes enrichies d'émail et de pierres précieuses, et six tabatières également fort belles. 6° A peu près cinquante montres avec leurs chaînes, soit en or, soit en argent, mais plus ordinaires, et un nombre égal de tabatières destinées à l'entourage de Sa Seigneurie. 7° Un grand coffre doublé de velours vert renfermait de la vaisselle plate, un grand plateau d'argent au milieu duquel douze petites coupes entourées de vingt autres de même forme, seulement un peu plus grandes, toutes ayant des couvercles. L'extérieur en argent et l'intérieur doré sont complètement unis. Ces objets, exposés dans une pièce, étaient gardés à vue, afin d'empêcher d'y toucher. Un Suisse est à la porte pour contenir les visiteurs. A notre entrée, on nous fit prendre sur notre droite et suivre le rang, de façon à ce que chacun pût regarder facilement tous ces cadeaux qui sont autant de merveilles. En arrivant chez moi à deux heures, je trouvai ma femme de chambre avec la fièvre ; je la fis saigner.

Vendredi 2 juillet 1784.

Après avoir été chez son banquier, M. Cradock vint me chercher pour me mener au palais des Thuilleries.

La reine y avait couché la nuit précédente, et à notre arrivée nous vîmes le roi de Suède et Madame de France qui venaient présenter leurs hommages à la Souveraine.

Vers deux heures et demie, ils partirent tous pour Versailles. Le roi de Suède sortit le premier. Cette fois, il me parut complètement différent de ce que je l'avais jugé à l'Opéra. Vu en plein jour, je le trouvai laid : nulle grâce ni dans ses traits, ni dans sa personne, ni dans sa démarche.

Quelques minutes après, parut Sa Majesté, accompagnée de deux dames : Madame de France et une dame de la cour, d'un gentilhomme de la chambre et d'un page portant sa queue. Elle est jolie, très blonde et d'une taille moyenne. Toute sa personne respire un air naturel de dignité sans fierté. Sa toilette, pleine de distinction, était très simple. Des paniers peu exagérés, une robe à la turque en taffetas gorge de pigeon (brun clair nuancé de bleu), bordée tout autour d'un étroit ruban blanc ; le corsage garni de très petits boutons d'agate. Coiffée un peu bas, ses cheveux disparaissaient en partie sous un mélange élégant de gaze et de rubans bleus. Peu de rouge. Mme Élisabeth et la dame d'honneur, bien moins jolies que la reine, sont plus fortes. La première portait une robe à raies ; la seconde, une robe tout unie en lustrine foncée avec un grand pli prenant du dos et tombant jusqu'à terre. Nous ne quittâmes le palais qu'après le départ des voitures de la cour, et revînmes par le bac.

Lundi 5 juillet 1784.

Dans la matinée, lu les journaux, et l'après-midi partis au couvent des Bénédictins anglais où nous étions invités. Ces Messieurs furent très aimables. Après nous avoir fait promener dans leur jardin, visiter du haut en bas leur couvent qui est petit, mais bien tenu, ils nous menèrent dans la bibliothèque, d'où l'on voit Paris et la campagne; finalement, ils nous firent rentrer au parloir où l'on avait préparé du thé, des vins et plusieurs espèces de gâteaux. Nous passâmes agréablement deux heures à causer, et à huit heures nous étions de retour. Lord et Lady Sussex et M. Bellasyse nous attendaient.

Mardi 6 juillet 1784.

Été, après dîner, lire les journaux, et dans la soirée au Palais-Royal prendre des glaces et voir des figures de cire. Le roi, la reine et toute la famille royale sont représentés assistant à un repas de cérémonie. Le roi de Suède est debout à côté du roi. L'étiquette n'a pas permis de le mettre à table parce qu'à cette époque, quoique visiteur à la cour de France, il y vint sous le nom de comte de Haga. Tous les bustes nous parurent ressemblants, et celui du roi de Prusse[1] dépasse, en réalité, tout ce qu'on peut imaginer : on le croirait vivant. Les jardins étaient remplis de monde ; mais il faisait si chaud, et il y avait tant de poussière, que nous partîmes avant dix heures.

Mercredi 7 juillet 1784.

Aujourd'hui été au Vieux-Louvre. Nous commençâmes par les tableaux. Parmi ceux qui me frappèrent le plus sont : un *Caton mourant*, la *Présentation de l'Enfant Jésus au Temple*, les *Restes d'un temple à Tivoli*, et surtout une marine. D'un côté du tableau, un rocher et des arbres au bord de la mer sur laquelle navigue un vaisseau à pleines voiles, et au fond un petit port. Les galeries de peinture renferment également quelques bustes. Nous descendîmes ensuite à la sculpture, qui dépasse tout ce que j'ai vu jusqu'à présent. Cette collection se compose surtout d'un choix de chefs-d'œuvre antiques : statues, vases, urnes de porphyre, etc. ; cependant il y en a aussi de modernes, et, entre autres, un *Fénelon assis dans un fauteuil;* sa main droite tient une plume, la gauche soutient un manuscrit si délicatement

---

[1] Frédéric II.

reproduit qu'il semble qu'en soufflant dessus le papier va s'envoler ; la douce expression du prélat est vivante. La draperie est aussi exquise que le reste. Bien qu'il y eût des quantités de marbres remarquables, celui-ci me plut plus qu'aucun autre. Nous vîmes là six modèles d'obélisques commandés par le roi et dont l'un doit être choisi par lui pour être placé dans les jardins des Thuilleries, en l'honneur des frères Montgolfier, inventeurs des ballons. Le 1er décembre 1783, ils partirent des Thuilleries et firent une ascension en présence du roi, de toute la cour et de plusieurs milliers de spectateurs. Deux modèles surtout me plurent : le premier affectait la forme d'un ballon un peu allongé, déjà à moitié gonflé par l'air inflammable ; sur la terre, reposait la nacelle près de laquelle se tenaient les deux frères et des aides employés à préparer le ballon. Dans le second modèle, le ballon, auquel est suspendu la nacelle, s'élève dans les airs. La corde tenant la nacelle, et montant jusqu'aux nuages en les divisant, produit un excellent effet.

De là, un escalier nous conduisit à une autre partie du palais, et nous entrâmes dans la chambre où l'on transporta Henri IV après l'assassinat par Ravaillac. C'est une grande pièce carrée superbement décorée, bleu et or, meublée au goût de cette époque, les plafonds sculptés et dorés. Elle donne dans une petite chambre à coucher où mourut le roi, et près d'un cabinet; le tout meublé dans le même style. Ces appartements servent actuellement de salles d'études où se font des cours de philosophie. Un curieux tableau attira notre attention : la sphère céleste sur laquelle sont marquées en or toutes les étoiles placées exactement en proportion de la distance les unes des autres. Puis, nous gravîmes un grand escalier donnant sur une galerie où sont réunis tous les modèles de vaisseaux connus. Au milieu, se trouve la flotte française rangée dans l'ordre où elle s'apprête à sortir du port. Reçu quelques visites cette après-midi.

Dimanche 11 juillet

Jour d'aventures. Des jardins du Luxembourg on devait lancer un ballon d'une dimension extraordinaire. Prix du billet : 3 livres.

A dix heures et demie, nous partîmes assez nombreux, moitié Français, moitié Anglais. Une foule compacte avait envahi les jardins; aussi eûmes-nous les plus grandes difficultés à franchir la grille pour gagner les places que nous avions retenues. Nous patientâmes pendant quatre heures, et, au bout de ce temps, on vint nous annoncer que le ballon ne partirait pas. Cette nouvelle mit le comble au désordre. La longue attente avait excité l'appétit, et l'on ne songea d'abord qu'à se procurer des vivres quelconques. On se jeta dans les cafés avoisinants, les uns pour emporter, les autres pour s'y installer. M. Cradock parvint à se frayer, tant bien que mal, un passage jusqu'à un restaurant d'où il nous rapporta, en différentes fois, du pain, du vin, un poulet très cher et une salade. Nous n'avions qu'un canif pour découper, force fut donc de se servir des doigts en guise de fourchettes. Quant aux sièges, chacun s'installa comme il put, sur des chaises, par terre, ou même sur des pavés. Nous étions tous de belle humeur, et, malgré notre déception, jamais repas ne me sembla plus amusant. Nous étions de retour à cinq heures. Dans la soirée, j'appris que le public n'avait pas pris la chose aussi bien que nous. On avait forcé les grilles, brisé les chaises, les bancs, et mis le ballon en pièces; on fut même obligé d'avoir recours à la garde, de peur qu'on ne s'attaquât au palais[1].

---

[1] Parmi les chansons composées sur cette ascension manquée des abbés Miolan et Janninet, nous citons un couplet de celle intitulée : *L'abbé Miaulant et M. Jean Minet font tout ce qu'ils peuvent.*

C'est au Luxembourg aujourd'hui
Que tout Paris s'est réuni
Pour voir l'expérience
Eh bien !...

Lundi 12 juillet 1784.

Été ce matin, avec Mme Gregson, voir une partie de la garde-robe de la reine. Les grandes robes sont, tout à la fois, d'une richesse et d'une élégance inconcevables. La plupart en satin rose, bleu ou d'autres couleurs, sont finement brodées de perles et garnies, soit de dentelles magnifiques, soit de rubans plissés, soit de ganses d'or ou d'argent. J'achetai du taffetas pour une robe à fourreau.

Dimanche 18 juillet 1784.

Cette après-midi un théâtre de marionnettes est venu s'installer dans notre rue vis-à-vis de l'hôtel. Nous assistâmes de loin à la représentation qui nous divertit beaucoup.

Mardi 20 juillet 1784.

A onze heures, ce matin, partis, en compagnie du Dr P... et de M. D..., voir les galeries de peinture

Et un autre sur l'air : *Les capucins sont des gueux:*
   Je me souviendrai toujours
   Du globe du Luxembourg.
   Que de monde il y avait
   M. Janninet!

au palais du Luxembourg, dont on nous avait donné une clef afin de pouvoir y entrer à notre convenance. Nous y restâmes une heure. Le Dr P... affecta de mépriser cette belle collection; mais M. D..., au contraire, ne savait comment assez remercier M. Cradock de lui avoir procuré le plaisir de la visiter.

Jeudi 22 juillet 1784.

Été, ce matin, dans des magasins de dentelles. Vers cinq heures je fus, avec M. Cradock, assister à l'enterrement de la duchesse de Fleury, qui doit reposer dans le caveau de famille à Saint-Louis-du-Louvre [1], mais dont le service devait avoir lieu à Saint-Eustache. Extérieurement, l'église était complètement tendue de noir, ainsi que toute la nef. Afin d'éviter la cohue, nous arrivâmes à cinq heures. M. Cradock, ayant donné la pièce à un des sacristains, celui-ci nous procura d'excellentes places en vue de l'autel. A six heures, l'église commença à se remplir; on apporta les cierges, on recouvrit de drap noir les chaises et

[1] Où était déjà le tombeau du cardinal Fleury. Le duc de Fleury, mort en 1785, était le petit-neveu du cardinal. Son fils épousa Aimée de Coigny, *la jeune captive* des poésies d'André Chénier (morte en 1820), qui, son mari ayant émigré, divorça et épousa plus tard un M. de Montrond.

les bancs, on prépara la place du cercueil; enfin, tous se hâtèrent et s'agitèrent. Une demi-heure plus tard, arrivèrent vingt gardes du Corps en grand uniforme, les armes à la main, conduits par un officier qui leur indiqua la place où ils devaient se tenir debout; au même moment, les cloches sonnèrent à toute volée. Alors entrèrent douze enfants de chœur tenant des cierges non allumés, suivis de quarante ou cinquante prêtres, qui prirent place dans le chœur. A sept heures, deux maîtres de cérémonie, en robes rouges et or, vinrent prévenir ces prêtres de l'arrivée du corps. Aussitôt tous se levèrent, et avec les enfants de chœur, leurs cierges allumés, les suivirent deux à deux. Un prêtre revêtu d'une chape rouge et or portait un crucifix en argent. Ils allèrent ainsi au-devant du corps, attendant à la porte, entourés de quarante enfants de chœur avec des cierges. Ceux-ci prirent la tête du cortège, suivis du prêtre portant le crucifix. Tout le clergé se joignit à eux; puis parurent les deux neveux de la duchesse, le duc de X..., vêtu de deuil, une immense étoile en argent sur le bras gauche, sa queue très longue portée par trois pages. Sur le même rang marchait le prêtre désigné pour officier à Saint-Louis, son long manteau noir soutenu par deux pages. A la suite, vingt valets en grand deuil qui ne pénétrèrent point dans le chœur, mais qu'on fit asseoir sur les bancs de pierre des bas-côtés. Le cercueil, sous un riche catafalque noir et argent, fut placé au milieu du chœur, en face de l'autel. Les cloches cessèrent de sonner, et alors commença le service. Les serpents, instruments que l'on emploie toujours à l'office des morts, accompagnaient les chants. On hâta la cérémonie, et même on ménagea les cierges, car à peine le cercueil était-il sous le catafalque qu'on éteignit ceux qui l'entouraient. Du reste, l'assistance laissait beaucoup à désirer, comme recueillement. On causait, on riait, les enfants faisaient du tapage, les chiens se querellaient, et au milieu de tout cela on psalmodiait mollement. Le cercueil me parut très ordinaire pour une grande dame. La cérémonie terminée, le cortège, toujours dans le même ordre, suivit le convoi jusqu'à Saint-Louis. Contre mon opinion, on m'assura que c'était un fort bel enterrement.

M. Frank est venu nous apporter une bouteille de son fameux punch, pour la fabrication duquel il est renommé. Ce punch composé de rhum, d'eau-de-vie, d'oranges, de citrons, de sucre candi et de sirop, a été si fort goûté à Montrouge par le duc de Lauzun et ses nobles convives, qu'ils l'ont introduit à la Cour, où il est aussi très apprécié.

Mercredi 28 juillet 1784.

M. Cradock rencontra ce matin à l'Observatoire quelques personnes qui devaient aller visiter les Catacombes et l'engagèrent à les accompagner. Il accepta avec empressement et, en compagnie d'une vingtaine de messieurs, descendit dans ces profondeurs effrayantes, complètement obscures. Ils avaient des guides et étaient tous munis de chandelles, car si par malheur on perd la file et qu'on tourne d'un mauvais côté, on risque fort de ne plus pouvoir se retrouver. A mi-chemin, on les fit reposer et on leur offrit une collation préparée d'avance : des viandes froides, etc., etc. Ils firent ainsi à peu près trois milles sous terre et ressortirent assez loin de l'endroit où ils étaient descendus, bien contents de revoir la lumière du jour.

Jeudi 29 juillet 1784.

Été d'abord dans la matinée à Saint-Sulpice, puis dans quelques magasins. A deux heures, partis en voiture pour la foire Saint-Laurent, où il est de bon ton de se promener. Nous y flânâmes au milieu des boutiques, des cafés, des théâtres en plein vent, installés dans le même genre qu'à la foire Saint-Germain. Nous allâmes en premier lieu voir un animal excessivement curieux. Il avait été pris vivant au détroit de Magellan par le capitaine Dintar. Cet animal a la tête d'un léopard, de grands yeux brillants, des dents semblables à celles des lions, de longues moustaches ; un peu plus bas que la tête, il est pourvu de courtes nageoires terminées par des pattes palmées comme celles des oies, à l'extrémité desquelles sont cinq fortes griffes. Le corps, d'une longueur de 5 pieds environ, s'épaissit vers le milieu, jusqu'à prendre la proportion d'un gros chien et finit en queue de poisson avec une nageoire de chaque côté. Ces nageoires ressemblent aux pattes de derrière d'un chien, mais plus courtes, et se terminent de même que les nageoires de devant. Sa peau sans écailles, pareille à celle d'une anguille, d'une couleur gris foncé, est plutôt entremêlée que tachetée de noir. Il paraît vorace, on lui donne du poisson cru qu'il avale gloutonnement. Il est assez familier, permet à son gardien de l'embrasser, et à son ordre lève la tête et souffle bruyamment. Je ne vis jamais animal aussi extraordinaire. On le garde dans un immense bassin d'eau salée [1]. De là, nous allâmes prendre des gauffres faites devant nous, et ensuite voir le modèle en cristal

---

[1] Par ce récit, on voit combien le phoque était peu connu en Europe à cette époque.

d'une foire à Venise. Le canal passe au pied des boutiques établies sous les arches ; les marchandises sont représentées en verre de différentes couleurs. Pour continuer notre soirée, nous entrâmes dans un café rempli d'un public des plus variés, depuis le petit bourgeois jusqu'au grand seigneur. Sur une immense estrade, trente musiciens tour à tour chantaient ou faisaient entendre leurs instruments. Nous reconnûmes les deux jeunes filles qui avaient déjà joué du cor français devant nous et auxquelles nous avions fait une petite offrande. De leur côté, elles nous remarquèrent, et, à notre intention on entonna le *God save the King* au grand amusement des auditeurs qui joignirent leurs applaudissements aux nôtres. Nous étions de retour à dix heures, contents de nos divertissements.

1er août 1784.

Visité la Sainte-Chapelle remarquable par son architecture gothique et ses vitraux. On y voit deux forts beaux tableaux de 1603 en émail : *le Crucifiement* et *la Résurrection*. De là, à l'église Saint-Landry, où s'élève le tombeau de Girardon qui, par testament, a laissé une certaine somme destinée à l'entretien de l'église. A un angle du tombeau, la Vierge contemple le Christ mort étendu au pied de la croix. C'est un des chefs-d'œuvre du fameux sculpteur. Les personnages sont en marbre blanc, et le terrain en marbre noir. La figure de la Vierge surtout est admirable d'expression de douleur et de résignation.

Ensuite été aux Invalides et à l'École militaire. Rien ne surpasse le coup d'œil de l'entrée de la Porte Royale sous le dôme des Invalides, où d'ailleurs on ne passe que rarement, pour ménager le magnifique pavé tout en marbre, et qui est si bien soigné que le sacristain effaçait à mesure avec une serviette la trace de nos pas. L'intérieur de ce monument est d'une extrême richesse, et je crois même que l'extérieur du dôme devrait être doré.

Dimanche 8 août 1784.

Été, l'après-midi, nous promener dans le jardin de l'Arsenal ; il se résume surtout en une longue avenue bordée d'arbres, sur un terrain plat. Après avoir traversé la Seine, nous revînmes par le Jardin du Roi.

Lundi 9 août 1784.

Mme Villette m'a emmenée au « Palais marchand ». Nous nous sommes arrêtées à plusieurs boutiques, avons acheté un éventail, différents jouets, de la lingerie, etc.

Mardi 10 août 1784.

Vers midi, nous sommes partis visiter la manufacture de papiers peints de M. Arthur; ce fabricant est arrivé à une rare perfection. Nous vîmes des papiers imitant si parfaitement des tissus brodés de fleurs, qu'il fallait les toucher pour se convaincre de la réalité. D'autres reproduisaient des sujets de sculpture; dans leurs derniers modèles, exécutés sur fond blanc, les fleurs ombrées d'or donnent un grand cachet d'élégance. La première salle où on nous fit entrer était entièrement tapissée de papier; aux deux bouts, des lanternes de couleurs attirèrent notre attention. Ornées autour de guirlandes de perles blanches d'un effet ravissant, on les eût cru absolument en verre. Le papier du plafond rappelait un cadre en bois avec un ciel nuageux au milieu.

Au bout de cette salle, s'en trouve une petite, tapissée par compartiments; les moulures ressemblent, à s'y méprendre, à du bois sculpté et doré, et quelques cadres reproduisent admirablement le verre. On nous fit ensuite monter par un petit escalier tournant sur une terrasse défendue par une grille de fer et donnant vue sur une partie de Paris et de ses environs. Nous redescendîmes, par d'autres escaliers étroits, visiter les ateliers au nombre de six. Ils sont placés les uns au-dessous des autres, et chacun a sa spécialité : l'un est destiné au coloris, l'autre à la dorure, un troisième à l'impression, etc. On nous fit remarquer des empreintes taillées dans un bois très dur et fin, de manière que la reproduction en soit d'un délicat achevé. En rentrant dans la première salle, nous y trouvâmes Mme Arthur ; elle se montra très aimable. Le fils de M. Arthur offrit à M. Cradock une feuille de papier du dernier modèle représentant une urne d'or assez grande pour en faire un paravent de cheminée. A deux heures, nous étions de retour, enchantés de ce que nous avions vu.

Mercredi 11 août 1784.

A dix heures, arriva le Dr Fischer, et nous partîmes avec lui pour Meudon. La route est extrêmement pittoresque et embellie de chaque côté de vignes, de champs de blé, de vergers, de bois et quantités d'habitations ; le tout entremêlé de sites délicieux. Le palais est bâti sur une haute colline, l'intérieur n'a rien de remarquable, mais de la terrasse on jouit d'une vue merveilleuse : deux détours de la Seine, une étendue de 6 à 8 milles comprenant une partie de Paris et de la campagne, Saint-Cloud, Mont-Calvaire et une forêt à perte de vue. Nous dînâmes sous une treille. Dîner excellent, fruits frais cueillis des arbres proches de la treille, vin de la récolte de notre aubergiste. Le temps délicieux, ni nuageux, ni trop chaud. Enfin, nous désirions revenir par Bellevue jusqu'à Ville-d'Avray ; mais la gardienne du château, que ces Messieurs surnommèrent la *Cerberina*, ne voulut pas nous le permettre. Nous étions de retour avant six heures, après une journée très amusante.

Samedi 14 août 1784.

M. Cradock sortit ce matin lire les journaux. A six heures, j'allai, avec le Dr Fischer, jusqu'à l'église des Carmélites [1]. Le grand autel était découvert, et l'église magnifiquement décorée à cause de la fête de demain (l'Assomption). Les superbes colonnes de marbre à bases de bronze doré, les vases d'or ou d'argent finement ciselés, les tableaux de maîtres, prouvent la richesse du couvent auquel appartient l'église. Avant de rentrer, nous

---

[1] Faubourg Saint-Jacques.

allâmes prendre l'air au Luxembourg, quoique le temps ne fût pas merveilleux.

Dimanche 15 août.

Assisté à cinq heures de l'après-midi, avec le Dr Fischer et Mme d'Obry, à un concert spirituel. Crosdil joua deux solos sur le violoncelle; le jeune violoniste Alexandre Boucher[1] exécuta plusieurs morceaux, et Mme Mara chanta trois airs italiens. Ces artistes sont des talents de premier ordre et ont bien mérité les applaudissements dont on les a couverts. La salle était presque exclusivement composée d'un public aristocratique et élégant; c'est un des plus beaux concerts que j'aie jamais entendus.

Mardi 17 août 1784.

A une heure, visité l'église des Carmes au couvent des Jacobins. Elle date de 1601 et renferme des ornements d'une grande richesse. L'aspect en est grandiose et solennel. Le dôme orné de magnifiques peintures. Au milieu du grand autel en marbre, se voit un superbe crucifix en argent.

[1] Qui se faisait appeler l'Alexandre du violon et qui mourut centenaire à Paris, sous le règne de Napoléon III.

D'un côté de la chapelle, une statue de la Vierge tenant l'Enfant Jésus sur ses genoux est considérée comme un vrai chef-d'œuvre, elle vient de Rome. On invita M. Cradock à se promener dans les jardins (faveur qu'on n'accorde pas aux dames) ; ils sont vastes, bien cultivés, et on y récolte beaucoup de fruits. M. Cradock passa même par la basse-cour, où il remarqua de magnifiques volailles. Il revint me chercher dans l'église que j'avais eu le loisir d'admirer. A ce moment même, un des moines s'approcha de nous et nous demanda à quelle religion nous appartenions. Nous lui répondîmes, et la conversation s'engagea. Il fut aimable et très bienveillant.

Mardi 24 août 1784.

Dans la matinée, fait visite à Lady Sussex, et à sept heures du soir assisté, avec le Dr Fischer et Mme de Sturé, au concert gratuit appelé « Bouquet du roi » et qu'on donne chaque année dans les Thuilleries la veille de la Saint-Louis, fête de Sa Majesté. On avait élevé une vaste estrade du côté du palais qui regarde les jardins, et placé autour des centaines de chaises et de bancs sur lesquels on s'asseyait indistinctement, sans égard de rangs ou de personnes. La soirée était fort belle.

À neuf heures, l'estrade fut envahie par l'orchestre de l'Opéra, et alors commença le concert divisé en deux parties. Cette musique, retentissant au milieu des jardins, faisait un effet merveilleux. Le public y prêta une silencieuse attention, et ce ne fut qu'à dix heures et demie, lorsque tout fut terminé, que chacun se retira tranquillement et sans la moindre confusion.

Mercredi 25 août 1784.

Ce matin, à neuf heures, nous sommes allés à la chapelle du Louvre assister à la grand'messe en musique. Après la messe, un prédicateur nous fit, deux heures durant, un discours en genre d'homélie entremêlé de vers et de prose à la louange du roi. Aussitôt la cérémonie finie, nous voulûmes profiter de l'entrée, libre ce jour dans le palais du Louvre, pour y jeter de nouveau un coup d'œil et voir l'exposition des œuvres des élèves des Académies de Peinture et d'Architecture qui concouraient pour les grands prix. Mais la foule était si considérable qu'on ne pouvait approcher. Nous partîmes donc voir une pompe à feu[1] qui sert à faire monter par des tuyaux l'eau de Seine jusque sur une haute colline à peu près à un mille de Paris

---

[1] Rue des Filles-du-Calvaire.

où elle est reçue dans quatre grands réservoirs de 12 pieds de profondeur, intérieurement en pierre blanche. Au bout de chaque réservoir, une écluse de fer permet à l'eau de s'écouler, de façon à se dégager de la saleté et de la boue qu'on enlève toutes les semaines. L'eau arrive ainsi claire et propre dans les conduits qui la distribuent dans différents quartiers de Paris et dans les maisons des boulevards.

Nous retournâmes ensuite à Paris voir la procession. Comme d'habitude, elle est formée d'une suite de prêtres, d'enfants de chœur, de soldats, etc., précédés de musique. Mais, en outre, on porte sur une nappe, garnie de dentelles et de glands d'or, deux pains d'une forme particulière. De distance en distance, on s'arrête, et deux prêtres sortent des rangs demander la charité pour les prisonniers. Le produit de la quête est versé dans des aumônières en velours rouge tenues par un gentilhomme et une dame en grande toilette suivant la procession, et à chaque fois on entonne le *Gloria Patri*. Nous allâmes après au couvent des Carmélites, où les religieuses chantaient un office en l'honneur de la Saint-Louis ; puis, nous rentrâmes pour repartir, le soir, voir le feu d'artifice tiré au Champ-de-Mars, grande plaine devant l'École Militaire. Le feu d'artifice n'eut, en lui-même, rien de curieux ; mais la pièce principale (un temple de feu avec les mots : « Vive le roi ! ») produisit un très joli effet. A intervalles on battait du tambour, ce qui ajoutait à la gaieté. C'est une vraie fête populaire : des foires avec bals, théâtres, jeux variés, etc. (le tout gratis), sont établis dans les jardins publics, et on tire deux feux d'artifice dans quatre différents quartiers. Cependant, malgré la foule, pas une dispute, pas une querelle ; tout se passe avec un ordre parfait. Nous étions de retour à dix heures et demie.

Vendredi 27 août 1784.

Nous fîmes atteler de bonne heure notre chaise de poste, pour nous rendre à Versailles. Nous nous promenions depuis peu de temps dans les jardins, lorsqu'un laquais du roi vint nous demander si nous serions aises de profiter de l'absence de Sa Majesté, qui était à la chasse, pour visiter le palais. Immédiatement nous le suivîmes à travers la grande galerie et d'autres appartements de moindre importance. Tout à coup, Mme Élisabeth traversa une des salles où nous étions ; M. Cradock demanda alors s'il se pourrait que la reine passât aussi près de nous. Le suisse répondit : « Certainement non ; » mais quelques minutes s'étaient à peine écoulées, que nous entendîmes annoncer : « La Reine ! » Nous nous rangeâmes de côté, tandis que Sa Majesté se retourna gracieusement par trois fois vers nous, et nous fit comprendre, par un sourire et une légère inclinaison de tête, que nous étions les bienvenus, et que nous pouvions continuer notre visite. Je ne sais comment dépeindre l'émotion et l'étonnement de ma femme de chambre, qui nous accompagnait, en apprenant que cette dame était la reine. Nous visitâmes ensuite la chapelle, la salle des machines[1], les jardins, la ménagerie qui n'est pas très peuplée, mais où il y a des oiseaux et des animaux curieux, entre autres un rhinocéros qu'on dit être jusqu'à présent le plus gros vu en Europe. Nous vîmes aussi le rocher[2]; c'est la meilleure imitation possible de la nature : on l'a orné de ravissantes statues ; malheureusement l'ensemble manque de proportion. Arrivés à huit heures, assez fatigués, mais contents de notre journée.

Samedi 28 août 1784.

Grand dîner chez M. Paddles. A trois heures, on s'est mis à table. Belle salle à manger, repas somptueux servi dans une superbe vaisselle plate ; le dessert, répondant au dîner, servi dans de la porcelaine de Chine : petits couverts en or. Excellents

---

[1] Salle des décors.
[2] Les bosquets d'Apollon.

vins, café et liqueurs comme à la française. Le luxe exceptionnel de notre hôte n'excluait pas une hospitalité bienveillante, et nous avons passé une journée très agréable.

Lundi 30 août 1784.

Été aujourd'hui, à cinq heures, au Théâtre Italien, avec notre ami le Dr Fischer, voir *Blaise et Babet*, de Dezède. La belle Mme Dugazon et M. Michu jouent à ravir. Je me suis beaucoup amusée. Tout était terminé avant neuf heures.

Mercredi 1er septembre 1784.

Partis, à une heure, visiter le palais de justice. On nous montra d'abord la Chambre du Grand-Conseil, et ensuite toutes les salles où s'assemblent les différents tribunaux. Dans celle où sont introduits les prisonniers pour entendre leur sentence, nous vîmes deux tableaux magnifiques : *Saint Louis* et *Notre Sauveur sur la Croix*. Ce dernier est d'un effet saisissant, d'autant plus qu'il est placé en face de l'endroit où s'agenouillent les accusés, tandis qu'on lit leur condamnation. Le fauteuil du président se trouve juste au-dessous du tableau. En considérant cet appareil solennel de justice, je ne pus m'empêcher de penser aux larmes et aux douleurs poignantes dont cette salle avait été témoin. Nous allâmes ensuite nous promener aux Thuilleries ; mais jusqu'à la fin du jour, je ne pus chasser de mon esprit la triste impression que j'avais reçue.

Dimanche 5 septembre 1784.

J'ai été souffrante, et ne suis guère sortie ces derniers jours ; mais, aujourd'hui, je me trouve bien d'avoir suivi les prescriptions du Dr Fischer. Nous avons même profité du beau temps et sommes allés, à sept heures, voir une joute sur l'eau, amusement populaire assez en vogue. Deux hommes, généralement excellents nageurs, montent chacun sur un bateau ; ils se rencontrent une lance à la main et tâchent réciproquement de se jeter à l'eau. Le vainqueur reçoit un drapeau et est salué par des coups de fusil et des fusées. Beaucoup de monde ; comme d'ordinaire, cependant, pas la moindre bagarre : je n'ai même pas entendu un jurement.

Mardi 7 septembre 1784.

Nous sommes allés avec des amis à l'Opéra, à la première représentation de *Diane et Endy-*

mion, de Piccini. Il faisait une chaleur étouffante; la salle était bondée, non seulement à cause de la première représentation, mais aussi parce que le prince Henri de Prusse y assistait[1].

Vestris dansait dans le ballet. — Nous sommes sortis très satisfaits de notre soirée.

Dimanche 12 septembre 1784.

M. Cradock et le Dr Fischer m'engagèrent tous deux à aller aujourd'hui à la fête de Saint-Cloud. A quatre heures, ces Messieurs vinrent me chercher avec Mme d'Obry, et nous arrivâmes à Saint-Cloud vers cinq heures et demie. Des milliers de personnes se promenaient dans le parc. Les grandes eaux jouaient ; partout des boutiques disposées avec goût, des tentes sous lesquelles on prenait des rafraîchissements, des bals en plein air, des théâtres de marionnettes, des saltimbanques, des balançoires, etc., etc. Tout le monde gai et en train. A sept heures, un détachement des gardes du Corps annonça l'arrivée d'une partie de la famille royale. Presque en même temps nous entendions la musique militaire, et nous

---

[1] Henri, prince de Prusse, frère du Grand Frédéric. Sa conduite généreuse envers des officiers français tombés au pouvoir des Prussiens lui valut un accueil des plus flatteurs à la cour de Louis XVI où l'amenait une mission politique.

apercevions les uniformes des hussards, ainsi que les livrées magnifiques ornées de galons d'or et d'argent et les chapeaux à plumes des valets de pied, accompagnant les deux carrosses royaux entièrement découverts. Quatre supports enguirlandés de fleurs soutenaient un riche dais frangé d'or et surmonté d'une énorme touffe de plumes. Les chevaux bais, à crinière et à queue noires, étaient splendides, et les harnais garnis d'or et de rubans. Dans le premier carrosse se tenaient les sœurs du roi avec la comtesse d'Artois que j'ai trouvée fort belle, quoiqu'on en dise ; dans le second, le comte d'Artois accompagné d'autres personnes, et enfin, dans une voiture de moindre importance, les enfants du duc d'Orléans. Quatre fois ils montèrent et redescendirent au pas la grande avenue, puis se retirèrent. Après leur départ, on fut admis avec des billets dans une autre partie du parc où l'on avait établi des tribunes circulaires au milieu desquelles on dansait. A huit heures se tira un feu d'artifice, et à dix heures et demie nous étions à la maison, contents de notre soirée, et heureux d'échapper à la poussière inévitable produite par une foule aussi compacte.

Jeudi, 16 septembre 1784.

Je me levai, ce matin, de très bonne heure pour me faire coiffer, et à dix heures et demie nous partions pour Marly, où Lady Craven[1] nous avait invités à venir passer la journée. Après un voyage terriblement chaud et poussiéreux par un chemin montueux qui ne me semblait pas sans danger, nous fûmes reçus par Lady Craven avec une affabilité qui nous fit oublier les ennuis de la route. Au nombre des convives se trouvaient : Mme de X... et son neveu, avec son précepteur, un jeune abbé, le Dr Carey, lord Baker et le colonel Derby.

Nous dînâmes à trois heures, à la mode française. Repas et service parfaits, café et liqueurs. A cinq heures, nous nous levâmes de table : Lady Craven chanta avec accompagnement du pianoforte et joua de la harpe avec beaucoup de talent. Vers six heures, on alla se promener et admirer la vue qui, de cette colline, est fort étendue. A

---

[1] En 1767, à peine âgée de dix-sept ans, elle épousa Lord Craven dont elle eut sept enfants. Après treize ans d'un mariage troublé, elle se mit à voyager en France et en Allemagne. En 1791, son mari étant mort, elle se remaria avec le margrave d'Anspach, et ils allèrent s'installer en Angleterre. Elle mourut à Naples en 1828. Sans être précisément jolie, c'était une femme piquante et agréable.

sept heures et demie nous prenions congé de notre aimable hôtesse.

Samedi 18 septembre 1784.

Dans la soirée, nous avons été aux Thuilleries voir le ballon qu'on doit lancer demain. A peine pouvions-nous circuler, tant la foule était considérable ; aussi ne restâmes-nous que fort peu de temps. Lord et Lady Sussex et M. Bellasyse sont venus prendre le thé.

Dimanche 19 septembre.

Après déjeuner, M. Cradock sortait voir l'ascension du ballon; à onze heures, je me dirigeais sur le quai dans la même intention avec ma femme de chambre et notre laquais. Je fus assez heureuse pour trouver de très bonnes places. Le temps était superbe : sur les quais et les ponts une foule énorme, en habits de fête, attendait avec curiosité. Je jouissais de cette scène animée, lorsqu'un grand cri se fit entendre ; tournant la tête, je vis une grosse pierre lancée du haut d'une maison [1].

---

[1] Cette pierre avait, sans doute, été lancée dans le but de déchirer le ballon, car on sait que les premières expériences ne se firent pas sans hostilités, et le roi lui-même n'accorda qu'avec difficulté la permission de faire les premières ascensions.

La pierre tua sur le coup un homme qui se trouvait non loin de moi et en blessa plusieurs autres. Grande fut d'abord la consternation, puis presque aussitôt le monde s'amassa autour du malheureux et à grand'peine la garde, qu'on était allé quérir, put-elle arriver jusqu'au cadavre qu'on emporta sur une civière. Je ne pouvais quitter ma place sans risquer d'être écrasée, aussi fus-je forcée d'assister aux souffrances des pauvres blessés, dont les gémissements me brisaient le cœur. Moins d'une demi-heure après l'accident, l'ascension commençait : en un instant, tout sembla oublié et, lorsque le ballon s'éleva au-dessus des maisons, les acclamations du public ne connurent plus de bornes. Je revins assez fatiguée de l'émotion et de la chaleur.

Mercredi 22 septembre 1784.

D'après l'ordonnance du D' Fischer, je me suis fait saigner ; mais les lancettes françaises sont si défectueuses, que cela rend cette opération assez douloureuse ; cependant je me sentis soulagée.

Mercredi 29 septembre 1784.

Nous avons été aujourd'hui à l'église des Célestins [1]. Arrivés au milieu de la messe, il nous fallut

[1] Près de l'Arsenal.

attendre une demi-heure après la fin avant d'être admis dans la chapelle d'Orléans [1], où sont les plus beaux monuments funèbres. La première tombe qu'on nous montra fut celle du duc de Longueville [2], par Anguier. C'est une pyramide en marbre blanc décorée de trophées et bordée de marbre noir ; aux angles du piédestal quatre figures allégoriques presque aussi grandes que nature. Le piédestal est recouvert, aux quatre côtés, de magnifiques bas-reliefs dorés représentant les faits glorieux de Henri Ier, duc de Longueville. Les trois Grâces, en marbre blanc, supportant une urne contenant les cœurs de Henri II et de Catherine de Médecis sont un chef-d'œuvre de Germain Pilon. Dans la colonne de marbre blanc, érigée par Charles IX à la mémoire de son frère François II, repose le cœur de ce monarque. Cette colonne, d'où sortent des flammes, rappelle celle qui guidait les Israélites dans le désert. On y lit cette inscription : « La lumière pour les justes. » Au pied de la colonne, trois personnages tiennent en main des torches renversées ; leurs traits expriment le regret et la douleur. Les sculptures sont de Paul Ponce.

---

[1] Construite par le duc d'Orléans, frère de Charles VI, en expiation de son étourderie. Il avait été l'auteur involontaire de l'incendie du bal où plusieurs seigneurs périrent et où le roi faillit perdre la vie.

[2] Maintenant au Musée du Louvre.

A l'entrée de la chapelle, s'élève une colonne torse d'un prix inestimable. Le feuillage est d'une délicatesse inouïe et d'autant plus remarquable que tout est travaillé dans le même bloc. Cette colonne supporte une urne en bronze renfermant le cœur du connétable Anne de Montmorency, lequel mourut des suites des blessures qu'il reçut à la bataille de Saint-Denis contre les Huguenots. Cette colonne est attribuée à Barthélemy Prieur; et les trois figures en bronze qui l'accompagnent, à Germain Pilon. Le tombeau de Philippe de Chabot, amiral de France, par Jean Cousin, peintre et sculpteur de talent, et celui de Henri Chabot-Rohan, par Anguier, sont deux superbes mausolées. Celui du duc de Cossé-Brissac se compose d'une colonne en marbre noir et de deux statues en marbre blanc de toute beauté. Dans la chapelle où se trouvent ces trois derniers tombeaux, est une descente de croix admirablement peinte sur bois par François Salviati, de Florence. La chapelle de Trêmes renferme les sépultures du duc de Gèvres et de sa famille. Parmi ceux-ci, nous en remarquâmes un moderne, élevé à la mémoire de la comtesse de X... Il est fort simple. Une colonne en marbre blanc, sur laquelle une inscription perpétue les vertus de la comtesse, soutient une urne en marbre gris, recouverte à moitié d'une draperie blanche d'où s'échappe une branche de cyprès. Dans une chapelle latérale, il y a plusieurs tableaux de valeur, surtout une Madeleine. Malheureusement, ils s'abîment, et on ne songe pas à les restaurer. Des Célestins, nous fûmes aux Thuilleries et dans la soirée au Théâtre italien. On donnait *Zémire et Azor*, de Grétry. Cet opéra est interprété par d'excellents artistes. A neuf heures, nous étions de retour.

Mardi 5 octobre 1784.

Nous avons entendu, ce matin, annoncer sous nos fenêtres une exécution qui devait avoir lieu, cette après-midi, en place de Grève ; aussi, pendant notre promenade après dîner, avons-nous rencontré la foule se dirigeant du côté où les malheureux devaient expier leurs crimes. J'en suis rentrée tout émue. A six heures, quoiqu'il fît déjà nuit, je repartis avec le Dr Fischer ; il me dit avoir entendu une personne raconter cette exécution avec une indifférence qu'il ne pouvait admettre. Nous échangeâmes quelques paroles à ce propos, mais bientôt ce lugubre sujet de conversation nous rendit l'un et l'autre silencieux. A sept heures, nous étions de retour. Lord et Lady Sussex sont venus prendre le thé ; à huit heures, M. Cradock allait au bain.

Mercredi 6 octobre 1784.

A midi, nous partîmes avec le Dᴿ Fischer pour le bois de Boulogne. Tout en nous promenant, nous dressâmes nos plans pour le voyage que nous allons entreprendre jusqu'à Marseille, où nous devons passer l'hiver à cause de ma santé. A trois heures, nous étions de retour pour dîner.

Jeudi 7 octobre 1784.

A onze heures, M. Meak vint me voir, et, bientôt après, entra Lady Craven qui s'invita à dîner. Elle resta jusqu'à deux heures et revint un peu avant trois : dîner très gai et très animé. Lady Craven nous quitta à six heures ; peu après vint Lord Stanhope qui, on le devinait facilement, avait dîné joyeusement. Il but néanmoins un ou deux verres de vin avant de partir. A neuf heures, M. Cradock et M. Meak furent au café, et je me rendis chez Lady Stanhope, d'où je ne partis que pour rentrer souper.

Vendredi 8 octobre 1784.

Hier, Lady Craven nous avait engagés à dîner pour aujourd'hui. Au nombre des convives : le comte de Brissac et un moine franciscain. A six heures nous étions de retour.

Samedi 9 octobre 1784.

A midi, été chez Lady Sussex ; de là, au jardin du roi ; et enfin, sur les nouveaux boulevards qui sont très agréables. Vers cinq heures, Lord Stanhope est arrivé, tout aussi animé qu'avant-hier.

Lundi 11 octobre 1784.

A midi, nous partions visiter la Salpêtrière. On nous conduisit d'abord voir le grand réservoir servant à ce vaste établissement qui peut contenir, à ce que l'on m'a assuré, jusqu'à deux ou trois mille personnes. Le réservoir est alimenté par des sources jaillissant du fond d'un puits extrêmement profond. Une roue, à laquelle sont suspendus deux seaux retenus par une chaîne, fonctionne constamment. Tandis qu'un seau descend, l'autre monte et se déverse immédiatement dans le réservoir. La Salpêtrière sert à la fois de prison et d'hôpital. On y reçoit également des malades et des fous ; mais l'intérieur est si bien aménagé, et les cours si bien distribuées qu'ils ne se rencontrent jamais. L'église est grande et se trouve au milieu du bâtiment.

Un chirurgien et un apothicaire sont attachés à l'établissement et y demeurent; un médecin vient deux fois la semaine faire la visite. On dit que les malheureux y sont bien soignés.

Jeudi 14 octobre 1784.

Été à Vincennes. C'est un vieux château commencé sous Philippe-Auguste, et situé dans l'Ile-de-France au milieu d'un grand bois où l'on peut, soit à pied, soit en voiture, faire des promenades ravissantes.

Dimanche 17 octobre 1784.

Assisté au service dans la chapelle de l'ambassadeur de Suède. A l'issue du service, l'ambassadeur s'est levé, a fait un profond salut à toute l'assemblée, puis s'est approché du pasteur et de quelques personnes de sa connaissance pour leur parler. Son air tout à la fois digne et poli m'a frappé.

Jeudi 21 octobre 1784.

Hier M. Cradock avait été, avec Lady Stanhope, au couvent des Bénédictins, engager trois ou quatre des frères à prendre le thé avec nous avant notre départ. Ils sont venus aujourd'hui vers cinq heures, et ne nous ont quittés qu'à sept.

Samedi 30 octobre 1784.

Notre dernier jour à Paris. Très occupée à payer mes notes, faire mes malles et à prendre congé des uns et des autres.

VOYAGE JUSQU'A MARSEILLE

Fontainebleau, dimanche 31 octobre 1784.

A huit heures, M. Cradock, le D' Fischer et moi partions pour Marseille. A cinq heures, nous arrivions à l'hôtel du « Grand-Cerf », à Fontainebleau, après avoir suivi, à travers la forêt, une route bordée de rocs entremêlés de fougères, de bruyères et d'arbres magnifiques.

Tandis que se préparait notre souper, nous visitâmes le palais. Dans une des galeries se voient encore les mêmes meubles que du temps de François Ier, et dans une des cours intérieures on nous fit remarquer un énorme bassin où s'ébattent des carpes d'une grosseur prodigieuse.

Lundi 1ᵉʳ novembre 1784.

Après avoir déjeuné à Moret avec d'excellent café au lait, et où le maître de l'auberge me pressa d'accepter un pot de confitures d'abricots de sa façon, nous prenions le chemin de Villeneuve-le-Roi. Nous nous y arrêtions à cinq heures de l'après-midi et, tandis qu'on changeait nos chevaux, nous mangions dans la cuisine un délicieux pot-au-feu. Entre onze heures et minuit, nous arrivions à l'hôtel des « Trois-Couronnes », à Auxerre, où nous avions l'intention de coucher ; mais, n'y trouvant rien à notre convenance, nous ne prîmes qu'un léger repas, et résolûmes de voyager toute la nuit, d'autant plus que le temps nous favorisait.

Arnay-le-Duc, mardi 2 novembre 1784.

Déjeuné dans une sale petite auberge à Rouvray pendant qu'on réparait les roues de la voiture de nos domestiques. Nous avons encore voyagé toute la nuit, et sommes arrivés, à une heure du matin, à la poste d'Arnay-le-Duc, où nous devions prendre d'autres chevaux et où on réveilla le maître de poste et sa fille qui nous introduisirent dans la cuisine. Là, j'aidai de mon mieux la jeune fille à confectionner une omelette, à griller des côtelettes de mouton et à rôtir un canard; puis, assis autour du feu, nous fîmes un repas des plus amusants. Nous repartions à trois heures du matin pour arriver vers onze heures à l'hôtel des « Trois-Faisans » à Châlon.

Châlon. Mercredi 3 novembre 1784.

Châlon est une jolie petite ville de la Bourgogne arrosée par la Saône. Ses maisons sur le quai ont un aspect riant; une promenade ombragée contourne une partie de la ville du côté de la rivière et commande une vue délicieuse du pays environnant. L'église Notre-Dame est dans le style gothique. Elle renferme quelques beaux monuments. M. Cradock se mit en quête de deux bateaux, un pour nous porter, l'autre pour transporter nos voitures, après avoir fait provision de pain frais.

Jeudi 4 novembre 1784.

A huit heures du matin, nous nous embarquions pour Lyon dans un joli bateau à voiles dont les cabines, nouvellement tendues de soie, ressemblaient à de petits salons. Il y avait à peu près trente passagers. Nous avions emporté des provisions et notre dîner à bord se passa très gaiement. Dans la soirée, nous débarquâmes à Màcon où, pour la première fois, je soupai à table d'hôte. On nous donna une bonne chambre à deux lits et, sans me déshabiller, je pris quelques heures de repos.

Lyon, vendredi 5 novembre 1784.

A quatre heures du matin, nous nous réembarquions. Nous descendîmes à terre pour dîner. Sale auberge et mauvais repas. A une heure, nous mettions de nouveau à la voile, et arrivions à trois heures du soir à Lyon. Le trajet par eau, en approchant de cette ville, est vraiment ravissant. Nous nous installions à l'hôtel du « Parc ». C'est un vieil hôtel, mais les appartements sont suffisants, la nourriture bonne et le vin excellent. Nous y sommes restés jusqu'au lundi 15 novembre, et avons profité de notre séjour pour visiter ce qu'il y a de plus curieux. L'hôtel-Dieu, grand et bien situé, est bâti en vue d'y recevoir des malades et des fous. La pharmacie surtout m'a paru remarquable. Sans compter la boutique, elle occupe cinq salles. On y vend toutes sortes de drogues; j'y ai acheté de l'eau de rose, de l'eau de fleurs d'oranger et de l'eau de Hongrie comme jamais je n'en ai trouvé ailleurs.

Un autre hôpital, celui de la Charité, est un grand bâtiment carré, entourant une vaste cour plantée d'arbres. Un des corps du bâtiment est destiné aux femmes en couches, mariées ou non; un autre, aux petits enfants dont les parents sont trop pauvres pour les élever. Dans le troisième se trouve un moulin où la soie passe par toutes les préparations avant d'être livrée au tisserand. On y emploie des gens de tout âge et de tout sexe. Enfin, la quatrième aile renferme la chapelle très simple, la pharmacie fort bien aménagée, et les dépendances. On admet dans cet hôpital les pauvres dont l'âge ou les infirmités ne leur permettent plus de travailler. On ne les reçoit pas au-dessous de soixante-cinq ans; mais alors on les entretient complètement et, s'ils le peuvent encore, on les emploie à différents travaux. Enfin, on ne peut trop louer l'idée qui a présidé à cette institution dont l'ordre et la direction sont vraiment admirables : du reste, tous ceux que nous y avons rencontrés paraissaient gais et heureux. Le collège, appartenant autrefois aux Jésuites, est devenu un séminaire. La bibliothèque, entretenue avec soin, en occupe seule tout le troisième étage ; l'église, vieille et sale, contient une profusion de beaux marbres. Dans l'élégante chapelle attenant à l'hôtel de ville, nous avons admiré différents beaux tableaux ; entre autres, auprès du grand autel, un *Christ sur la Croix*, de Rubens, réputé comme un de ses chefs-d'œuvre. Dans une petite chapelle de l'église de la Miséricorde, est un autre Christ en ivoire sculpté. Il est tenu en telle vénération, qu'un prêtre a seul le droit de le montrer, et encore avec certaines cérémonies. Le prêtre auquel nous nous adressâmes prit un cierge qu'il tint à la main, tandis qu'agenouillé il faisait une courte prière ; après quoi, il posa le cierge sur l'autel. De nouveau, il recommença une petite oraison, reprit le cierge, l'alluma à la lampe qui brûle devant le Saint-Sacrement, et, enfin, nous mena devant la Croix que l'on conserve dans une niche fermée d'une grille de fer à deux battants admirablement ciselée. Le prêtre ouvrit les portes, s'agenouilla de nouveau et nous pûmes alors admirer cette œuvre d'art dont le fini dépasse l'imagination. La cathédrale, très ancienne, possède une curieuse horloge. A une certaine heure de la journée, défilent différentes figures représentant la Salutation angélique, Dieu le Père, etc., etc.[1].

L'hôtel de ville occupe un côté de la place des Terraux. C'est un bel édifice : derrière, se trouve le théâtre, où nous avons été fréquemment. Les

[1] Cette horloge, vraiment remarquable, fut construite vers 1601 par Nicolas Lipp.

artistes sont bons, la salle est décorée avec goût, quoique un peu sombre, défaut qui se remarque assez souvent dans les salles de spectacle françaises. Il existe également un second théâtre, beaucoup plus petit, où seuls les enfants jouent. Nous y avons été très satisfaits de la pièce, et aussi du jeu des jeunes acteurs.

Nous fûmes encore, au dehors de la ville, assister dans un immense amphithéâtre à ciel ouvert, à un « grand spectacle » donné par *il signor* Franconi et sa troupe. On représentait *le Combat et la Mort de Malborough*. Presque tous les acteurs de Lyon avaient été réquisitionnés. Franconi remplissait le rôle du fameux général : sa mort, la douleur de Mme Malborough, celle de ses enfants, le cortège des funérailles obtinrent un complet succès de mélodrame.

Dans les environs de Lyon se voient encore des restes de bains, d'aqueducs et d'amphithéâtres romains. Lyon est traversée par la Saône qui rejoint, à une demi-lieue de là, le Rhône dont le cours contourne la ville d'un côté.

Lundi 15 novembre 1784.

Avant six heures du matin, nous nous embarquâmes dans la diligence d'eau, afin de descendre le Rhône jusqu'à Avignon. Quoique beaucoup plus grand que le bateau que nous avions pris à Châlon, il ne le valait pas. Les cabines étaient sales, petites, sombres, sentaient mauvais, et les passagers trop nombreux pour la place dont on pouvait disposer. Nous étions la troisième famille ayant à bord nos chaises de poste, et bien heureux de pouvoir nous y réfugier au lieu de rester dans les cabines. A peine avions-nous fait une lieue que nous échouâmes sur un banc de sable et fûmes obligés d'y passer la nuit. Quelques passagers abordèrent dans de petites barques sur le rivage : ils cherchèrent, pour la nuit, un refuge dans de misérables cabanes où peu d'entre eux purent obtenir un lit. M. Cradock eut la chance de découvrir un gîte passable ; Lady Lanesborough et sa famille, une dame française et ses filles, le Dr Fischer, moi et ma femme de chambre, nous restâmes sur le bateau, et je crois qu'en somme nous fûmes plus confortables que ceux qui nous avaient quittés. Le lendemain, mardi 16 novembre, à cinq heures du matin, après avoir été remis à flot à l'aide de trente chevaux, nous mettions de nouveau à la voile ; mais, le vent nous étant contraire et l'eau très basse, nous avancions lentement, et fréquemment nous étions arrêtés par des bancs de sable d'où, chaque fois, notre bateau ne se tirait qu'avec peine. Vers midi, nous atteignions Vienne ; nous descendions à terre et, pendant qu'on préparait notre dîner, nous faisions un tour dans la ville, qui, du temps des Romains, était une place forte. Nous y visitâmes en hâte la cathédrale et l'église Notre-Dame. Celle-ci, autrefois temple romain, conserve encore des vestiges qui attestent sa destination primitive. A deux heures, nous nous embarquions, et entre quatre et cinq heures, arrivions à Condrieu. Nous y passâmes la nuit dans une affreuse chambre d'auberge et dans un lit pire encore.

Mercredi 17 novembre 1784.

A quatre heures du matin nous regagnions notre bateau et poursuivions notre voyage. Vers la nuit, on s'arrêta à Valence. La plupart des voyageurs descendirent à terre. On m'assura que l'hôtel « le Soleil-d'Or » était bon; mais, comme on ne pouvait y arriver que difficilement, je résolus de passer la nuit à bord. Le petit domestique du bord partagea avec moi son souper, apprêté par lui-même; il me chanta des chansons pour me distraire, et, enfin, je dormis parfaitement dans notre chaise de poste.

Saint-Esprit, jeudi 18 novembre 1784.

Ce matin, à cinq heures, les passagers revenaient, et nous remettions à la voile. Arrivés peu de temps après à Saint-Esprit, nous descendions tous à terre pour passer la nuit à l'hôtel de la « Poste ». Hôtel excellent, propre, prix raisonnable, gens très polis. Suivant l'habitude, dès notre arrivée, M. Cradock convint du prix avec le maître de l'hôtel. Pour quatre chambres à feu, du café, un souper copieux avec filet d'ours, truffes, etc., dessert, punch et vin, il ne nous demanda qu'une livre. Le lendemain matin, nous fîmes observer que notre déjeuner n'avait pas été compris; le propriétaire répondit qu'il ne changerait rien au prix convenu et ne voulut rien accepter de plus. Bien au contraire, il nous offrit un verre de liqueur avant notre départ et, comme nous le lui refusions, il insista pour que nos domestiques le prissent.

Avignon.

Le jour suivant, vendredi 19 novembre 1784, à cinq heures du matin, nous nous embarquions et arrivions à Avignon vers une heure de l'après-midi. C'est le lieu de faire observer que la manière la plus charmante de voyager dans ce pays est de suivre le Rhône, comme nous l'avions fait. De chaque côté du fleuve, les hautes collines s'élèvent riches et cultivées jusqu'à leur sommet. Aux vignes entremêlées d'arbres fruitiers et aux champs couverts de riches moissons, succèdent de vastes plantations d'oliviers. Au bord, quelques jolis villages espacés, et pour compléter le tableau, des ruines de palais, de tours, d'arcs de triomphe romains. Du Mont-Saint-Esprit à Avignon, l'aspect change complètement, et on suit des rives plates et incultes où, pendant des lieues, on n'aperçoit aucune trace d'habitation ou d'être humain. La terre elle-même accuse la négligence et la pauvreté, et si par hasard une créature vivante vient à paraître, elle ne fait que confirmer l'idée de misère et d'abjection. On ne permet pas aux bateaux venant de Lyon à Avignon d'aborder du côté de la ville ; on est obligé de débarquer à l'opposé.

Nous n'eûmes pas plutôt mis le pied sur la terre ferme, que nous fûmes assiégés par une foule de mendiants à moitié nus, s'emparant de nos bagages et se les disputant. Pour entrer dans la ville qui, compris ses environs, appartient au Pape, il nous fallut d'abord payer 6 livres par tête, sans compter 8 livres pour transporter notre chaise de poste dans un bateau plat, nous-mêmes occupant un autre bateau. Rien n'est plus compliqué, ni plus désagréable que de débarquer du côté du Languedoc et de retraverser pour entrer dans la ville. Enfin nous y réussîmes, et arrivâmes sains et saufs à l'hôtel « Saint-Omar », dans la célèbre ville d'Avignon, qui est entourée d'une grande muraille ayant quatre portes qu'on ferme chaque soir. Elle possède quelques belles maisons ; mais on les découvre difficilement, vu que les rues sont, en général, étroites, sombres, mal pavées et très sales, particulièrement dans le quartier juif. La religion catholique y est seule admise, et l'on ne tolère ces Juifs que par des motifs intéressés.

Avignon abonde en couvents et encore plus en églises, car, sans compter les églises paroissiales, chaque couvent a la sienne. La cathédrale est une belle vieille église, bâtie au sommet d'un roc. La vue qu'on y découvre de la ville et de la campagne est égayée par les sinuosités du Rhône, et bordée de montagnes jusqu'à 30 milles environ. Dans l'église des Carmélites nous vîmes le tombeau de la Laure de Pétrarque : une certaine somme d'argent est allouée pour l'entretien du tombeau ; mais l'état de délabrement où il se trouve prouve que, déjà depuis bien des années, l'argent a eu une autre destination. Une des chapelles de côté est dédiée à la Vierge Marie ; sa statue revêtue d'une magnifique robe rose et argent est entourée d'ex-voto en cire, dont quelques-uns, à mon avis, ne sont pas convenables. Ce n'est pas, d'ailleurs, la seule église où soient suspendus de tels ex-voto. L'hôpital de la Miséricorde sert aussi de prison, et, à ce propos, je fus froissée d'entendre avec quelle dureté s'exprimait notre guide à l'égard des malheureux criminels. Il nous demanda si nous désirions visiter la prison creusée sous la chapelle, je refusai. La chapelle elle-même avait l'air trop gaie et trop élégante pour une chapelle de prison. Un côté du bâtiment est réservé aux fous; on permet aux convalescents, et à ceux dont la folie douce n'offre aucun danger, de se promener dans la maison et dans les jardins. On m'assura qu'ils se sentaient heureux. Cependant, sur tous ces visages, on lisait la tristesse et la crainte. Jamais je n'oublierai une malheureuse créature, revêtue de paille et d'oripeaux argentés, qui passa près de nous. Je sortis de là, le cœur serré et heureuse de m'éloigner de ce lieu de misères.

A Avignon, la nourriture est copieuse et bonne (excepté le beurre), mais pas aussi bon marché que nous nous l'étions figuré. Quoique l'hôtel Saint-Omar passe pour le meilleur, nous le trouvâmes en tous points très mauvais. Les mendiants fourmillent ici; jamais ils ne sont contents de ce qu'on leur donne, et se montrent quelquefois d'une telle impudence qu'ils n'hésitent pas à vous tirer par le bras jusqu'à ce que vous leur ayez fait l'aumône. Le théâtre d'Avignon est petit, sale et obscur ; les acteurs, les costumes et les décors ne valent rien. Nous y rencontrâmes le duc et la duchesse de Cumberland. Le nonce du pape les accompagnait.

Aix, mercredi 22 novembre 1784.

A six heures du matin, nous montions dans notre chaise de poste pour quitter Avignon et nous diriger vers Aix. Une bise glaciale et pénétrante s'était élevée et annonçait l'hiver ; elle me parut même plus froide et plus piquante que partout ailleurs. A une lieue d'Avignon, nous traversâmes le Rhône à l'aide d'un grand bac. Nous avions quitté les États du Pape et entrions en Provence. Changement soudain. Partout des traces d'industrie, d'abondance et de bien-être : la nature elle-même différait totalement. Le terrain cultivé, les paysans, non plus sales et en haillons, mais propres et habillés convenablement, travaillaient dans les vignes, dans les champs ou dans les plantations d'oliviers. Une partie de la route conduisant à Aix est montagneuse. Nous fîmes l'ascension d'un des rochers les plus élevés, et de là nous dominions la plaine. A cette distance, les oliviers semblent si rapprochés qu'on dirait une vaste forêt. Les moulins servant à fabriquer l'huile sont disséminés gracieusement au pied et sur le flanc des montagnes. Notre chaise nous suivait au petit pas et, pendant cette promenade, nous fîmes ample moisson de lavande, de romarin, de thym et d'autres herbes aromatiques, productions naturelles du pays. L'entrée d'Aix m'a rappelé celle de Bath, en Angleterre. Dès la descente de la colline, on aperçoit la ville longtemps avant d'y arriver. D'après la multitude de petites villas égayant les alentours, Aix nous parut plus considérable que nous ne l'avions supposé. On y pénètre par un superbe arc de triomphe, ouvrage des Romains, donnant sur le cours planté d'arbres de chaque côté, ce qui forme trois magnifiques allées : les maisons y sont régulières, et, au milieu, trois fontaines fonctionnent constamment. L'eau de celle du milieu est chaude, elle jouit d'une grande réputation ; on la dit très efficace contre certaines maladies. Pour ma part, je n'eus qu'à m'en louer : j'en bus tous les jours, et la fièvre nerveuse, dont je souffrais depuis quelque temps, disparut.

La cathédrale d'Aix est fort ancienne, mais sombre et mal tenue : dans une petite chapelle à côté du grand autel, se distingue une statue de la Vierge revêtue d'une robe argentée ; l'Enfant Jésus qu'elle tient dans ses bras a sur la tête un bonnet d'enfant garni de rubans roses et d'un bouquet de fleurs, l'un et l'autre couverts de diamants, de perles et de pierres précieuses offerts par les fidèles. Au plafond sont suspendues vingt-huit lampes en argent; les trois du milieu alimentées d'huile parfumée brûlent constamment. Un grand nombre d'ex-voto en cire, dont plusieurs choquent singulièrement la vue, tapissent les murs. De là, un prêtre nous fit entrer dans la sacristie et nous montra des reliquaires, des ostensoirs, des calices, des ornements et des vêtements d'une richesse merveilleuse. Quelques-uns de ces objets ne peuvent être touchés par tout le monde; aussi je crus m'apercevoir qu'en notre qualité d'hérétiques il nous tenait à une certaine distance, de peur, sans doute, que notre haleine même ne profanât ces objets sacrés. Il accepta cependant notre argent qui lui parut bon.

Nous sortions de l'église lorsqu'un desservant nous arrêta; il retira de la grande porte d'entrée un volet préservant des sculptures d'un délicat et d'un fini inouïs. Les sujets sont tirés de la Bible, et chaque panneau est entouré d'une guirlande de fleurs et de feuillage d'un travail exquis. Un limaçon sur une fraise attira l'attention d'un Monsieur qui avança même la main pour le saisir. Ces portes, considérées comme un chef-d'œuvre, ont été offertes à la cathédrale en 1605, mais on en prend si grand soin qu'on les dirait encore neuves. A Aix, les mendiants sont aussi nombreux qu'à Avignon. Ils entraient avec nous dans les églises, nous suivaient quand nous en sortions et rendaient nos promenades très ennuyeuses.

Il est d'habitude de porter les morts sur une civière : on les recouvre d'un drap blanc, la tête seule reste exposée aux regards ; suivent des pénitents blancs, ainsi appelés parce qu'ils sont revêtus de longues robes blanches les cachant entièrement, et dans lesquelles sont pratiqués seulement deux trous à la place des yeux.

Le théâtre n'est pas grand, mais assez joli ; on y joue seulement pendant la session du Parlement qui siège à Aix depuis Noël jusqu'à juin, époque où les distractions ne manquent pas, et pendant laquelle il est de bon ton, pour la haute société, d'y demeurer. Aussi y trouve-t-on des maisons très bien construites. Durant notre séjour, il n'y avait pas théâtre, mais, tous les soirs, des Italiens de passage exécutaient avec beaucoup d'adresse des danses sur la corde et sur des fils de fer. Les promenades à l'entour de la ville sont charmantes. Un matin, nous entreprîmes d'escalader une montagne et fûmes bien payés de nos peines. Rien de plus admirable que le paysage qui se déroulait sous nos yeux. La ville nous apparaissait avec ses couvents, ses églises, ses villas, ses maisons. Pas le plus petit bout de terrain perdu : au bas de la montagne que nous gravissions, des prairies, des champs ; plus haut, des vignes et des oliviers ; de temps en temps, des pierres rocheuses sur lesquelles nous nous reposions tout, en contemplant la vue. Je dois ajouter à cela un temps clair et chaud et, quoique nous fussions le 30 novembre 1784, nous jouissions d'une température du mois de juin en Angleterre. Je conserverai un bon souvenir de cette excursion.

Marseille, vendredi 3 décembre 1784.

Nous partions pour Marseille où nous arrivions à trois heures de l'après-midi, et descendions chez Mme Martin, hôtel de « Londres », situé sur le port. On nous loua une salle à manger, quatre chambres à coucher et une petite cuisine fort propre, à raison de 40 livres pour la saison d'hiver, c'est-à-dire quatre mois, et si cher que ce fût, la maîtresse de l'hôtel ne voulut jamais baisser son prix.

Marseille, sur la Méditerranée, est très commerçante ; son bassin contient environ six cents navires à l'abri du vent. Le demi-cercle du port au Midi, toujours chaud et propre, est constamment encombré d'une foule bigarrée de toutes nations. Les bâtiments peuvent atterrir presque au pied des hautes maisons, appartenant généralement aux armateurs et construites sur le port ; au rez-de-chaussée sont des boutiques où se vendent les marchandises les plus disparates. A l'opposé, sur le haut d'une colline, se trouve un couvent d'où l'on aperçoit, non seulement la ville, le port et quatre ou cinq îles, mais ces nombreuses petites maisons de campagne appelées bastides. Un homme, aux gages des riches négociants de Marseille, demeure dans une des îles. Aussitôt un navire en vue, il doit hisser le drapeau de la nation à laquelle il appartient.

Le cours est planté comme à Aix ; les voitures ne peuvent circuler au milieu, mais doivent longer, sur le pavé, les maisons ayant presque toutes des magasins bien fournis. On circule dans l'allée du milieu entre deux rangées d'échoppes remplies de jouets, de fruits, de vieux habits, de chiffons, de chaussures, etc., et il n'est pas rare d'y voir côte à côte de la gaze, des rubans, des étoffes, de la ferraille, du fromage, des cordages, du goudron, etc. A une des extrémités du cours se tient une vieille femme vendant à bas prix des figures de cire représentant saint Benoist, image tenue en grande vénération et renfermée dans une petite boîte en forme d'armoire, des chapelets, des cierges, des peintures religieuses. Lesdits objets sont bénits et préservent des maladies, des accidents, des dangers sur terre et sur mer, etc. Le cours se termine à l'autre bout par le marché aux fleurs et, malgré cette saison, il a toute l'apparence d'un jardin au mois de mai dans nos pays.

Les promenades publiques sont sacrées ; il n'en est pas de même ailleurs, car dans les plus belles rues on jette tout par les fenêtres, et il est à craindre que l'on ne porte pas remède à cette incommodité, le peuple considérant les matières salines comme souveraines contre la peste. La cathédrale, très ancienne, fut, dit-on, d'abord un temple dédié à la déesse Diane ; mais on y a tant ajouté, et on l'a tant modifié qu'à l'extérieur seulement on se représente la forme carrée primitive. Elle est sombre et humide. Il faut descendre plusieurs marches pour y entrer, et il semble qu'on pénètre sous une voûte. Au fond, une petite chapelle, dédiée à la Vierge, est peinte en imitation de marbre (peinture souvent répétée dans les églises) et décorée de feuillages grossièrement dorés ; sur l'autel, la statue de la Vierge en cire de grandeur naturelle, richement habillée. Le premier jour de notre arrivée à Marseille, le beau temps nous engagea à entreprendre une promenade en bateau au milieu des navires amarrés dans le port.

A peine étions-nous installés, que je fus assez souffrante pour garder la chambre pendant quinze jours ; M. Cradock attrapa un gros rhume, et le Dr Fischer eut une attaque de jaunisse, de sorte qu'en réalité, pendant les trois premières semaines, nous n'eûmes d'autre occupation que de nous soigner mutuellement. Pourtant, le jour de Noël, je voulus assister à la messe de minuit. A côté de notre hôtel se trouvait un couvent ; j'y allai avec le Dʳ Fischer. L'église était pleine, mais si mal éclairée, que nous distinguions difficilement l'autel ; les murs, tendus de damas rouge et ornés de candélabres d'argent, lui donnaient un aspect de salle de bal. Bientôt entrèrent six prêtres richement vêtus, précédés de douze enfants de chœur. Ils firent trois fois le tour de l'autel ; puis, commença l'office. Le bruit et le bavardage des assistants couvraient la voix du prêtre, et il était impossible de rien entendre ; on se disputait les places, on en discutait le prix, quelques-uns éteignaient les cierges, les autres les rallumaient. Enfin, pour mettre le comble au scandale, quand le prêtre entonna le *Gloria in Excelsis*, une voix, partant du bas de l'église, se mit à fredonner l'air de *Malborough*. Je sortis indignée ; malheureusement, il paraît que des scènes semblables se reproduisent fréquemment aux messes de minuit. On m'assura qu'une cérémonie assez étrange eut lieu cette nuit-là à la cathédrale. Pour rappeler la naissance de Notre-Seigneur, une femme fit le simulacre d'une femme en couches, l'Enfant Jésus étant représenté en cire. Le matin du jour de Noël, grandes processions dans les églises et au dehors ; l'après-midi, jeux, divertissements, petits spectacles, combats de taureaux, etc. Le jour de l'an se passe de même.

Marseille, samedi 8 janvier 1785.

A onze heures, M. Cradock, le Dr Fischer et moi, montions jusqu'au fort contempler la mer. Elle était très agitée, et le vent soufflait violemment. Nous n'atteignîmes le sommet de la colline qu'avec grande difficulté, et, une fois arrivée, je ne pus m'y maintenir que soutenue par mes deux cavaliers. De là, nous allâmes visiter l'hôtel de ville, beau bâtiment situé au milieu du port. On entre au rez-de-chaussée dans une immense salle servant à la fois de chambre de commerce et de bourse. Sur une tablette suspendue au mur, on voit tracées les routes conduisant à chaque nation. Au-dessus de cette salle sont celles affectées aux tribunaux, aux cours de justice, etc. Quelques bons portraits, entre autres ceux du roi de France actuel et de son frère Monsieur, ornent la plus grande. Ensuite nous nous dirigeâmes à l'extrémité du port vers la maison de Santé, ainsi nommée parce que, dans ce bâtiment dont un des côtés touche littéralement à la mer, on doit déposer toute lettre, paquet, ou bagage quelconque, provenant d'un vaisseau arrivant d'un endroit contaminé par la peste ou autre maladie contagieuse. On ne les délivre que dans un certain nombre de jours et après des fumigations de vinaigre réitérées. Alors même les lettres ne sont remises que par des facteurs attachés à l'établissement. C'est de là aussi que sont délivrés des certificats de santé à ceux partant ou débarquant. Nous admirâmes au secrétariat un magnifique tableau : *Saint Borromée guérissant les pestiférés de Marseille*. Le saint est représenté sur le port, adressant sa prière à la Vierge Marie qui apparaît au milieu des nuages ; autour de lui, des malades et des mourants, dont le peintre a su rendre l'expression de souffrance.

A quatre heures, nous rentrions chez nous, heureux d'être à l'abri du vent froid qui n'avait cessé de souffler.

Dimanche 9 janvier 1785.

Partis à quatre heures pour un concert. Peu de monde. Signor Lucretia a du talent. Avant six heures, tout était terminé.

Mercredi 12 janvier 1785.

Après avoir été rendre quelques visites dans la matinée, M. Cradock et le Dr Fischer vinrent me chercher pour aller au couvent de Notre-Dame de la Garde. Bâti sur une haute montagne, il commande la plus belle vue qu'on puisse rêver. L'ascension en est assez difficile. A certains endroits, on a taillé des marches dans le roc; dans d'autres, les cailloux roulent sous les pieds; mais il n'existe pas de danger réel, et on est bien dédommagé de ses peines. Du haut de la tour, la vue est magnifique. A droite, on découvre la mer et trois petites îles au milieu desquelles naviguent bateaux, barques de pêcheurs et grands navires. Du côté de la terre, apparaît Marseille, qui semble toute petite, et ses environs parsemés de jolies bastides. Nous restâmes pendant une demi-heure à jouir de ce coup d'œil exceptionnel, et nous étions de retour à quatre heures.

Samedi 14 janvier 1785.

M. Blanc, mon friseur, est venu ce matin. Dans la soirée été, avec la duchesse d'Argyll et Lady Derby, voir *Blaise et Babet.* La pièce mal interprétée, les acteurs mauvais, sauf la jolie Mme Ponteuil qui chante et joue bien. La représentation se donnait à son bénéfice; aussi la salle était-elle suffisamment éclairée, ce qui n'est pas ordinaire. Ce théâtre est vieux, grand et sale. Quatre loges seulement peuvent se louer, et encore, pour y arriver, il faut remplir tant de formalités, qu'on préfère y renoncer. Ce soir, il y avait foule, et la chaleur était si insupportable que nous sortîmes avant la fin.

Lundi 17 janvier 1785.

A huit heures du matin, est arrivé mon friseur, et dans la soirée j'allais au Concert : nombreuse société, chanteurs assez bons. Le chœur était composé de huit femmes, dix jeunes garçons et quatre hommes. Mme Ponteuil, première chanteuse, et dont la voix paraît encore meilleure dans un salon qu'au théâtre, a été fort applaudie.

Jeudi 20 janvier 1785.

J'ai passé une mauvaise nuit; mais, comme c'était aujourd'hui l'anniversaire de la naissance de M. Cradock, j'ai voulu paraître gaie. Je lui ai même offert un bouquet, me conformant en cela à l'habitude française.

Lady Derby m'invita à l'accompagner au théâtre, mais j'ai refusé. Le Dr Fischer est allé lire les journaux, et nous a rapporté les nouvelles.

Dimanche 23 janvier 1785.

Été à l'abbaye de Saint-Victor. On s'y fait conduire en bateau. Cette abbaye, située sur un roc, fut fondée en l'an 109. C'est une des plus anciennes églises de France et une des plus riches : deux cents monastères en dépendent. Sous l'église du couvent, on descend dans une crypte contenant plusieurs antiquités romaines et quelques beaux monuments. On nous montra, creusée dans le roc, une grotte où, dit-on, sainte Madeleine fit pénitence pendant sept ans. Nous vîmes aussi le trésor : calices, crucifix, ornements, etc., en argent, enrichis de pierres précieuses, et, entre autres curiosités, un morceau d'albâtre de deux pieds carrés fixé dans le roc comme une fenêtre. Si on place une lumière derrière on le voit transparent ; on peut même y distinguer une inscription écrite dessus. Revenus dîner à quatre heures.

Jeudi 27 janvier 1785.

A huit heures ce matin, est venu mon friseur. A six heures, je partais avec le Dr Fischer et quelques amis voir *Didon* à l'Opéra. Pas une place vide. Tous les acteurs mauvais, excepté Mme Ponteuil. La douceur de sa voix, la noblesse de son jeu dans le rôle de la reine, et tout à la fois, son air simple et sans prétention lui acquirent les sympathies du public. Au dernier acte, par malheur, on renversa un autel éclairé au moyen d'esprit ; le liquide se répandit et la flamme atteignit la robe de gaze d'or de Mme Ponteuil. On interrompit la représentation, et des spectateurs, croyant le feu au théâtre, voulurent sortir: il s'en suivit une vraie panique; dans leur hâte de se sauver plusieurs personnes furent blessées. Le Dr Fischer, voyant que, dans cet accident, la foule était seule à craindre, m'engagea à rester à ma place jusqu'à ce que tout danger eût disparu. Peu de temps après, nous sortions tranquillement et rentrions chez nous à huit heures.

Lundi 31 janvier 1785.

A onze heures, j'allais, avec le Dr Fischer et la duchesse d'Argyll, visiter une manufacture de corail, la seule de ce genre dans tout le royaume, et fondée en 1781. Le contremaître aux appointements de 1.800 livres est un Français, mais sort de la manufacture de Livourne, ainsi que plusieurs autres ouvriers. On compte environ quatre-vingts navires, appartenant surtout à la Compagnie africaine, employés à la pêche du corail sur les côtes de la Méditerranée, particulièrement sur celles de Barbarie. La pêche dure toute l'année; mais, selon les saisons, la qualité du corail diffère, et elle est plus ou moins fructueuse. La manufacture occupe ici trois cent vingt ouvriers et cent soixante-dix dans un autre bâtiment à 3 lieues de Marseille, quoique de même dépendance. On emploie des enfants et surtout des femmes, qu'on prend à tout âge ; selon leur habileté et leur talent, on les paie depuis 2 livres 10 sous jusqu'à 5 et 6 livres par jour. Le poli du corail s'obtient au moyen d'une petite meule tournante de la grandeur d'une assiette. Les perles se font toutes à la main ; on les perce avec une aiguille anglaise fixée à cette intention à une machine. Le contremaître nous assura que les aiguilles anglaises seules pouvaient percer les perles, l'acier anglais étant le mieux trempé. On les perce avant de les polir. Il y a deux cents différentes teintes. On évalue le corail d'après ses teintes, la grosseur ou la pureté. On nous montra un magnifique collier valant 3.400 livres : il se composait de perles de la grosseur d'une petite bille ; puis, un autre très curieux dont les perles étaient taillées à facettes, comme des diamants. L'année dernière, en 1784, on vendit à l'empereur de Chine, au prix de 10.000 livres, un seul corail d'une grosseur extraordinaire. La manufacture de Marseille travaille surtout pour l'Orient et les Indes, où les bijoux de corail sont les plus estimés. Dans cette visite, je ne regrettai qu'une chose, c'est que nous étions trop nombreux, ce qui m'empêcha de demander des détails que j'aurais été envieuse d'avoir. De retour à une heure.

Mardi 1ᵉʳ février 1785.

Aujourd'hui temps très froid. Il a même neigé, ce qu'on n'avait pas vu ici depuis cinq ans. Dans la soirée, j'ai été au théâtre avec Lady Derby et sa sœur, Lady Augusta Camble, toutes deux charmantes et fort aimables.

Mercredi 9 février 1785.

Après dîner, nous avons été à la plaine Saint-Michel, où il est d'habitude aujourd'hui (mercredi des Cendres) d'enterrer Carnaval. Tous les Marseillais s'y donnent rendez-vous, les uns en voiture, quelques-uns à cheval, d'autres à pied ; beaucoup de gens masqués ou déguisés : des femmes en hommes, des hommes en femmes. Il y a des tentes, on boit, on chante, on danse jusqu'à la nuit; mais alors tout le monde se disperse, et chacun rentre chez soi commencer le carême.

Vendredi 11 février 1785.

Été à un concert. Musique sérieuse, qui n'avait attiré presque personne. Nous étions en tout quatre dames. Mᵐᵉ Ponteuil a chanté avec beaucoup d'expression. Le dernier acte se composait de fort beaux chœurs d'église, paroles en latin ; mais ici tel est le peu de goût pour les choses graves, qu'il ne restait pas cent personnes dans la salle pour les écouter. Quant à nous, nous fûmes contents de notre soirée terminée à neuf heures.

Jeudi 17 février 1785.

Dans la matinée, M. Cradock, le Dr Fischer et moi allâmes visiter l'Observatoire, admirablement situé, et d'où l'on jouit d'une vue splendide, variée et très étendue. Devant soi, le port, les navires, le bassin où ils sont à l'abri, l'abbaye de Saint-Victor ; à gauche, Notre-Dame de la Garde, la ville entière et la campagne bordée par les montagnes ; à droite, l'arsenal sur un roc baigné par la Méditerranée, qui s'étend à perte de vue jusqu'à l'horizon. La plupart des meilleurs instruments employés ici viennent d'Angleterre. Une des petites salles sert de cabinet d'histoire naturelle, mais ne renferme guère que des coquillages et des plantes marines trouvés sur les côtes de la Provence. Quelques-uns sont fort curieux. Nous revenions dîner à quatre heures.

Dimanche 20 février 1785.

Dans l'après-midi, j'allai, avec le Dr Fischer, au petit spectacle, ainsi appelé parce que tous les acteurs sont des enfants. On donnait *le Déserteur*, et un petit garçon de dix ans remplit d'une façon surprenante le rôle de l'officier ivre. On donna ensuite *le Combat et la Mort de Malborough*, le tout en patois provençal, fort au goût des spectateurs qui l'applaudirent avec frénésie.

Lundi 21 février 1785.

Été, dans la soirée, à un concert. Le premier acte venait de finir, lorsque Lady Derby, sa sœur, Lady Camble, et toute une société vinrent nous rejoindre. Lady Derby est gaie et aimable; mais j'aurais presque désiré qu'elle fût plus silencieuse, car, tandis que Mlle Chifanella chantait, elle ne cessa de parler à nous en anglais, à d'autres en français, et, enfin, en allemand avec le Dr Fischer. Cette animation et ses magnifiques bijoux attirèrent les regards de notre côté, et j'avoue que je ne fus pas fâchée de voir terminer le concert. Elle nous engagea à l'accompagner au théâtre le lendemain. De retour à neuf heures, M. Cradock et le Dr Fischer furent au café lire les journaux, mais revinrent bientôt, aucun journal n'étant arrivé.

Mardi 22 février 1785.

Dîné à trois heures. Ensuite, je m'habillai, et à cinq heures et demie je partais au théâtre avec le Dr Fischer. Une dame et quelques Messieurs y étaient déjà. Lady Derby, Lady Augusta Camble et M. Cradock n'arrivèrent qu'à la fin du premier acte. Notre loge était si pleine, qu'assis ou debout, on était mal à l'aise. Lady Derby paraissait, ce soir, d'une humeur moins gaie que la veille, et tout le monde s'en ressentit. On donnait, pour la première fois, à Marseille, *le Barbier de Séville*, de Paisiello; aussi la salle était-elle comble, et il y faisait une chaleur étouffante. Nous sortîmes enchantés de la représentation. Jolie musique et bons acteurs.

Dimanche 27 février 1785.

J'ai été assez souffrante depuis quelques jours, ayant attrapé froid, et, par suite, un fort mal de gorge. Je désirais me faire saigner, mais le Dr Fischer s'y opposa absolument. Enfin, après quelques soins, me voici sur pied, et j'en ai profité aussitôt pour visiter les îles qu'on aperçoit à peu près à une lieue en mer et très rapprochées les unes des autres. Dans la première où nous abordâmes, est un fort (le fort Saint-Jean), gardé par cinquante invalides. Dans la seconde s'élève un château flanqué de quatre tours et servant de prison. C'est le château d'If. Il est entouré d'une muraille d'enceinte armée de vingt canons; une petite garnison veille à sa défense. Les baraquements des soldats occupent une partie de l'île qui sert aussi de rendez-vous de plaisir. Les Marseillais y apportent leurs provisions et les font accommoder par un restaurateur dont l'auberge est très renommée. L'île ne produisant même pas la nourriture de ceux qui l'habitent, on y a établi un magasin renfermant toujours une provision de blé et de viande, dans les cas où la mer, trop mauvaise, ne permettrait pas d'aborder, ce qui arrive quelquefois cinq ou six jours de suite.

Après une montée assez roide, nous arrivâmes à la porte du château; nous y trouvâmes le commandant entouré de quelques soldats. Il se montra fort empressé à satisfaire notre curiosité et ordonna à un de ses hommes de nous servir de guide. Celui-ci, intelligent et très complaisant, répondit à toutes nos questions. Après qu'il nous eut fait faire le tour du château, nous le remerciâmes, et, lui ayant donné une pièce de douze sous, nous redescendîmes le roc. Nous fûmes bientôt rejoints par une troupe d'enfants, qui, tout en chantant, sautaient et gambadaient au-devant de nous, sans souci du danger qu'ils couraient le long du précipice bordant un des côtés du chemin. Accompagnés de leurs souhaits de bonheur dont ils nous accablèrent, nous arrivâmes jusqu'à notre bateau; mais nous n'y fûmes pas plus tôt installés, que notre batelier nous déclara que, le vent ayant changé, nous ne pourrions revenir à la voile : la mer s'était tout à coup mise au calme plat, ce qu'il appelait la mer d'huile. Force fut donc de se servir des rames, sans quoi nous n'eussions pas bougé. Par conséquent, notre retour s'effectua assez lentement ; mais le temps était superbe, et à quatre heures nous étions de retour, enchantés de notre expédition.

Vendredi 4 mars 1785.

M. Cradock, assez souffrant depuis quelques jours, s'est fait saigner. Été me promener à la place Saint-Michel. Du jardin, on a une vue étendue des rochers, de la mer, des bastides et de la campagne environnante.

Jeudi 10 mars 1785.

A une heure nous allions nous promener sur le port où bientôt venaient nous joindre le duc et la duchesse d'Argyll. Tous ensemble, nous fûmes au « Bazar Turc », et de là chez un marchand, voir des étoffes nouvelles à raies de différentes couleurs, destinées à Sa Majesté la reine de France.

Samedi 12 mars 1785.

A une heure reçu la visite du marquis de Lorn et du major Morrison. Après dîner, été sur le port, et à cinq heures, au petit théâtre où l'on donnait *Zémire et Azor*[1], suivi du *Marché de Marseille*. De retour à huit heures.

Mercredi 16 mars 1785.

Temps froid, sombre et brumeux. Après déjeuner, M. Cradock écrivit des lettres, le Dr Fischer sortit, et moi je m'occupai des malles, devant partir le lendemain pour Montpellier. A une heure, j'allai encore faire un tour sur le port; à trois

[1] Célèbre opéra de Grétry.

heures nous dînions, et à quatre heures M. Blanc me frisait pour la dernière fois. Dans l'après-midi, le duc et la duchesse d'Argyll et quelques autres nous firent leurs visites d'adieux. A huit heures, après le thé, nous demandâmes à payer notre note ; mais notre hôtesse fut si impertinente et si exagérée dans ses prix, que M. Cradock pria un de ses amis de vouloir bien régler le compte à sa place.

Orgon, jeudi 17 mars 1785.

M. Cradock, le Dr Fischer et moi partions à huit heures du matin pour Montpellier. Les chevaux devaient être prêts à six heures ; mais, comme d'habitude en France, on nous fit attendre deux heures. Ayant eu la précaution de donner une demi-couronne (3 francs) aux commis chargés d'examiner les malles au bureau de sortie de la ville, on nous laissa passer sans ouvrir les nôtres, tandis qu'on déchargea et fouilla tous les bagages d'une famille française voyageant en même temps que nous. Nous arrivâmes à Aix vers deux heures, descendîmes de voiture et achetâmes 2 livres de pain. Ces Messieurs allèrent au café ; je me promenai sur le cours, et à deux heures et demie nous reprenions notre chaise de poste. Avant d'atteindre Saint-Cannat, le relai suivant, le cabriolet du Dr Fischer se cassa. On le rattacha tant bien que mal avec des cordes, afin qu'il pût atteindre la première poste ; mais, cette opération demandant quelque temps, M. Cradock et moi poursuivîmes notre route, et le Dr Fischer nous rejoignit plus tard. Nous couchâmes à Orgon. Auberge modeste et très froide, mais propre. Les gens très polis, bon souper et bon vin.

Vendredi 18 mars 1785.

Nous partions à sept heures pour arriver à neuf à Saint-Rémy, petite ville située dans une plaine au pied de hautes montagnes, l'abritant d'un côté. A peu près à un mille de là, les ruines d'un arc de triomphe et d'un antique mausolée qu'on croit avoir été restauré par un fils en mémoire de ses parents dont les statues couronnent l'édifice. Il est d'ailleurs évident que les têtes de ces statues sont de date récente ; les anciennes ont été dérobées, et remplacées par celles qu'on y voit aujourd'hui. Ce monument est encore en bon état, et les bas-reliefs aussi parfaits et aussi distincts que s'ils ne remontaient qu'à quelques années, au lieu de compter, comme on le suppose, des siècles d'existence. L'arc de triomphe est moins bien conservé, mais par ce qu'il en reste on peut juger qu'il devait être aussi remarquable que le mausolée. On entretient l'un et l'autre avec soin. Ils viennent d'être déblayés et entourés de bancs de pierre. La route y conduisant est due à une souscription des habitants de la ville. De retour à Saint-Rémy, nous prîmes du café pour nous réchauffer, et continuâmes notre voyage jusqu'à Tarascon, dernière ville de Provence où nous dînâmes à une excellente auberge. Là, nous traversions le Rhône sur un grand bac plat, et abordions en Languedoc.

A deux heures, nous partions pour Nîmes en passant par le pont du Gard. Cet aqueduc avait autrefois 9 lieues de longueur : des conduits y aboutissant portaient à Nîmes les eaux des fontaines d'Eure et d'Airau. Il franchit une vallée profonde encaissée entre de hautes montagnes et arrosée par le Gardon. Il se compose de trois ponts superposés. Le premier a six arches, le second onze, et le troisième, où passent les conduits, en a trente-cinq. Je n'avais jamais encore ressenti une impression pareille à celle que j'eus en contemplant cette merveille. Ces Messieurs montèrent jusque sur les arches supérieures : je désirais en faire autant ; mais on me fit observer que, le vent soufflant violemment, je ne saurais m'y maintenir, et en vérité, lorsque je vis le Dr Fischer, qui, quoique d'une taille peu ordinaire, ne paraissait à cette distance, guère plus grand qu'une corneille, je compris qu'une position aussi élevée ne me convenait pas. Je me contentai donc d'admirer ce qui m'entourait : les rochers, quelques-uns dénudés, d'autres entremêlés d'arbres ombrageant la rivière ; celle-ci tantôt serpentant doucement et suspendant son cours tranquille de distance en distance, pour former des cascades et ajouter à la grâce de ce paysage si imposant. Ces Messieurs revenus, nous poursuivîmes jusqu'à Nîmes qu'on dit avoir été bâtie 500 ans avant Rome. En approchant, on rencontre les ruines d'une tour romaine, située sur une haute colline dominant la ville. Les anciens murs s'avancent jusqu'à cette tour qui servait autrefois de forteresse et a encore 90 pieds de hauteur.

Nous n'arrivions qu'à neuf heures du soir à l'hôtel, où il ne restait de disponible qu'une seule chambre à deux lits devant servir de chambre à coucher et de salle à manger pour nous et nos domestiques. Mais, lorsque la maîtresse de l'hôtel comprit que nous avions l'intention de nous arrêter quelques jours, elle proposa de nous céder sa chambre pour une nuit, supposant, avec raison, qu'il y en aurait de libres le lendemain. En conséquence, M. Cradock, moi et ma femme de chambre, nous occupâmes celle destinée à nos repas, tandis que le Dr Fischer et James se contentèrent de l'autre. Cet hôtel était uniquement desservi par des hommes chargés même des lits ; aussi je résolus d'aider ma femme de chambre à faire le mien. La nourriture bonne, et tout assez propre.

Nîmes, 19 mars 1785.

M. Cradock se leva de bonne heure pour se promener, tandis que je m'habillais et que j'aidais à nettoyer la chambre et à préparer le déjeuner. Aussitôt après, nous sortions visiter la ville. D'abord nous allions aux bains romains, que l'on a dégagés, et qui doivent être restaurés d'après les premiers plans. L'eau qui y coule constamment provient de la fameuse fontaine de Nîmes, dont la source fournit en abondance une eau claire comme le cristal et alimente, non seulement la ville, mais les moulins, les canaux, les bassins construits en pierre blanche d'un aspect propre et gai. De belles avenues séparent les bains des canaux. Vis-à-vis des bains, sont les ruines du temple de Diane. Les murs seuls existent; mais des fragments de piédestaux, de fûts de colonnes, de corniches et d'un entablement attestent la splendeur première de cet ancien édifice. Il fut détruit pendant la guerre civile sous le règne de Henri III. De là, nous nous dirigeâmes vers l'amphithéâtre, qui passe pour le plus beau modèle de ce genre. Il date d'Antoine le Pieux, qui y contribua largement. Nous le parcourûmes en entier, et nous reposâmes sur un des gradins s'étageant autrefois au nombre de trente, aujourd'hui au nombre de dix-sept seulement. Quelques-uns sont encore en parfait état, quoiqu'ils servent de murs d'appui à des maisons bâties au milieu des arênes. En contemplant cet ancien amphithéâtre, je ne pouvais m'empêcher de me reporter aux scènes barbares dont il avait été témoin, de réfléchir à la fragilité des grandeurs humaines, et de déplorer qu'un si beau monument fût devenu presque un monceau de ruines.

Nous continuâmes notre tournée par la Maison Carrée, bâtie par les habitants de Nîmes en honneur de Caïus et Lucius César, petits-fils d'Auguste, par sa fille Julie, femme d'Agrippa. On cite ce bâtiment, échappé aux ravages du temps, comme un des chefs-d'œuvre d'architecture du monde entier. Il est probable qu'on le conservera, car il vient d'être converti en église par les Augustins qui s'y sont établis. Malheureusement, la magnifique simplicité de l'intérieur en a été gravement compromise par une quantité de petites chapelles ornées de mauvais tableaux, de statues habillées d'une façon criarde, et de dorures clinquantes d'un goût déplorable.

A trois heures, nous retournions dîner à l'hôtel; après quoi, M. Cradock partait pour Montpellier où il voulait nous retenir un logement pour lundi. Après son départ, le Dr Fischer alla faire visite à M. Granier, lequel proposa de nous accompagner le lendemain à un cabinet d'histoire naturelle.

Dimanche 20 mars 1785.

M. Granier arriva à neuf heures. Il nous conduisit chez les neveux du Président de l'Académie des Sciences, mort récemment. Ces Messieurs, très aimables et très empressés à nous faire plaisir, nous introduisirent d'abord dans la bibliothèque de leur oncle défunt. Il me sembla qu'elle ne brillait pas par le nombre des livres, mais contenait, paraît-il, certains volumes fort rares. Je n'ai guère pu juger de leur valeur par moi-même. A côté de la bibliothèque, il y avait une chambre renfermant des antiques curieux, dont plusieurs ont été découverts dans des fouilles. J'admirai beaucoup une petite statuette en cuivre représentant Esculape. Ayant ensuite traversé un jardin, nous entrâmes dans une salle contenant toutes sortes de curiosités naturelles. On nous montra de l'or trouvé dans du sable déposé sur le bord du Gardon après une trombe d'eau considérable. Notre visite terminée, on nous pria d'inscrire nos noms sur un registre, ce que nous fîmes, et on nous offrit des rafraîchissements, ce que nous refusâmes.

A deux heures, nous retournions à l'hôtel, où j'invitai M. Granier à dîner. Il ne put accepter, mais nous promit de repasser à quatre heures, afin de nous mener visiter son jardin. A l'heure dite, il était là. Sur notre chemin, il nous arrêta près d'un trou dans lesquel on descend par des marches et pavé en petite mosaïque rouge, blanche et noire. On prétend que c'est un bain particulier remontant aux Romains. Pour ma part, je n'y vis rien de merveilleux. Enfin, nous arrivâmes au jardin de M. Granier, dont il paraît très fier. Il me raconta qu'il était son propre jardinier et que, compris ses orangers, citronniers, etc., il possédait cinq cents différents genres d'arbustes. Je trouvai le jardin trop encombré pour être joli. A notre départ, il m'offrit, ainsi qu'à ma femme de chambre qui m'accompagnait, un superbe bouquet; je le priai de partager notre souper; il nous répondit que c'était impossible, mais qu'il viendrait prendre le thé avec nous. En effet, il arriva à sept heures, m'apportant une bouteille de liqueur très estimée dans le pays. Il resta avec nous jusqu'à huit heures et demie, nous offrant ses services avec la plus exquise complaisance, et nous invitant même à déjeuner le lendemain. Nous ne pûmes accepter, devant partir pour Montpellier.

Montpellier, lundi 21 mars 1785.

Levée à cinq heures, malgré une mauvaise nuit et un gros rhume. Les chevaux avaient été commandés pour six heures et demie; mais, comme toujours, on nous fit attendre. J'étais à bout de patience lorsqu'ils parurent à huit heures. De plus, l'exagération de la note qu'on nous força à payer, et la grossièreté de la maîtresse de l'hôtel en réponse à nos observations, ne me firent pas regretter mon départ de cet hôtel du « Louvre ». Nous nous arrêtâmes à Lunel prendre du café, et à une heure et demie nous arrivions à Montpellier où M. Cradock venait à notre rencontre sur le port. Il nous fit descendre de voiture, et nous gagnâmes à pied la maison qu'il avait choisie. Je l'ai trouvée charmante. Toutes les fenêtres du rez-de-chaussée s'ouvrent sur un jardin de moyenne grandeur, planté de jolies fleurs et d'une vingtaine d'orangers portant à la fois fleurs et fruits. Notre habitation visitée, nous allions sur la place du Peyrou, belle terrasse, d'où l'on domine, d'un côté, le pays environnant, et d'où l'on aperçoit, de l'autre, la mer à une distance de quatre lieues, sur laquelle on distingue visiblement les navires. Cette terrasse conduit à un bel aqueduc d'environ un mille de longueur. A l'autre extrémité de la terrasse, la plus rapprochée de la ville, se trouve un superbe édifice sous lequel passent les conduits transportant l'eau pure et limpide jusqu'aux trois fontaines qui fonctionnent nuit et jour sans interruption. La plus grande, dans le style d'un temple, est placée devant cet édifice; les deux autres petites, dans des allées en contre-bas, plantées d'arbres qui, au milieu de l'été, offrent une ombre bienfaisante dans ce pays élevé et exposé à l'ardeur du soleil. Ces avenues et une autre promenade de l'autre côté de la ville, appelée l'Esplanade, ont été tracées à grands frais par les États du Languedoc. Montpellier étant la capitale du Bas-Languedoc. La ville elle-même n'est pas très agréable : les rues sont en général étroites et mal pavées ; le marché bien approvisionné, mais on exploite les étrangers. Notre maison, comme toutes celles habitées ici par les Anglais, est située hors des portes de la ville. Vers trois heures, nous revenions dîner; après quoi, ces Messieurs allaient se promener. Quant à moi, je me couchai à neuf heures assez fatiguée de ma journée.

Montpellier, mardi 22 mars 1785.

Mon rhume m'ayant empêchée de sortir, je n'ai pu me promener que dans le jardin. A onze heures

M. Cradock reçut la visite de M. Delamarche, le consul hollandais, et j'invitai Mme Delamarche à prendre le thé avec nous dans la soirée. Le Dr Fischer a rendu visite à quelques médecins pour lesquels il avait des lettres de recommandation.

Mercredi 23 mars 1785.

Le Dr Fischer est allé à l'hôpital et à l'Académie de Médecine.

Jeudi 24 mars 1785.

Quoique encore un peu souffrante j'ai voulu à cinq heures rendre visite à Mme Delamarche que je trouve charmante et qui parle un peu anglais. Au coin d'une rue nous fûmes arrêtés par une procession des pénitents blancs. Des prêtres, psalmodiant et portant des crucifix, marchaient en tête ; suivaient des hommes revêtus de grandes robes blanches avec des capuchons noirs rabattus cachant presque entièrement leur visage. On s'agenouillait sur leur passage. De jeunes garçons jouaient du cor et d'autres instruments. Du reste, aujourd'hui, jeudi saint, on ne rencontre que processions défilant par la ville. Après deux heures passées très agréablement, nous prîmes congé les uns des autres et, à notre retour, nous nous arrêtâmes dans une église où l'on chantait l'office ; il y avait foule, et chacun semblait absorbé par ses dévotions. A la porte de l'église, se tenaient six prêtres à côté de tables sur lesquelles étaient posés des plateaux d'argent destinés à recevoir les offrandes des fidèles. A neuf heures, nous étions à la maison, et le D' Fischer, devant nous quitter le lendemain, me donna une dernière consultation.

Vendredi 25 mars 1785.

Dans la matinée, le Dr Fischer a voulu encore une fois visiter l'hôpital. A neuf heures, nous déjeunions tous ensemble, et, après le dîner, il prenait congé de nous pour retourner en Allemagne.

Samedi 26 mars 1785.

Ce matin, vent et temps froids. Dans l'après-midi, la température s'est adoucie, et M. Cradock m'a proposé de commander une voiture pour le lendemain à sept heures du matin, afin de nous rendre à Cette.

Dimanche 27 mars 1785.

Avant sept heures, nous avions déjà pris le café, mais notre voiture n'arriva qu'à huit heures. Enfin, nous partîmes. Depuis trois siècles, la Méditerranée se retire de cette côte; aussi tout le pays entre Montpellier et Cette semble avoir été gagné sur la mer; la distance entre ces deux villes est de 20 milles environ. Vers midi, nous arrivions à Cette; nous commandions notre dîner, et, pendant qu'on l'apprêtait, nous faisions l'ascension d'une haute colline qui abrite le port et commande une vue des plus étendues. On aperçoit la jonction du canal royal du Languedoc avec la Méditerranée; les Pyrénées, frontière de l'Espagne, bornent l'horizon. Immédiatement au-dessous du rocher, la terre inculte a les ondulations de la mer; mais partout ailleurs elle produit du blé, de l'huile et des vins excellents. Le vin de Frontignan se fait à Cette. Le port, quoique petit, est commode, mais la ville m'a semblé, comme résidence, assez triste. Après nous être encore un peu promenés, nous remontions en voiture à trois heures et demie pour arriver chez nous à huit heures, un peu fatigués, mais contents de notre excursion.

Lundi 28 mars 1785.

A onze heures, avec deux de nos amis de Marseille venus nous rejoindre, nous allions, d'abord, à la place du Peyrou, et de là, à la cathédrale, très ancienne et d'une architecture curieuse. Comme c'était lundi de Pâques, nous y trouvâmes une assistance nombreuse écoutant un sermon dont nous ne pouvions entendre un mot, malgré le ton élevé du prédicateur, car nous n'avions pu pénétrer plus loin que la porte. Force fut donc de nous retirer; mais, en sortant, nous fûmes assaillis par une troupe de mendiants, tous plus déguenillés les uns que les autres. Nous allâmes ensuite voir quelques fontaines, certainement fort utiles aux habitants, mais qui ne valent pas la peine d'être décrites. Nous entrâmes dans un magasin; j'achetai un petit ruban noir, chacun de ces Messieurs une paire de bas, et nous pûmes constater que le marchand ne se faisait aucun scrupule d'exploiter les étrangers et surtout les Anglais.

Jeudi 31 mars 1785.

Après déjeuner, été au jardin du Roi et au Jardin botanique. Le premier consiste surtout en un terrain bas, planté de rangées d'arbres toujours verts. Dans le second, on ne voit guère que des mauvaises herbes et des lauriers. Il y a une petite serre où rien ne frappe l'attention, sinon la négligence avec laquelle elle est tenue.

Vendredi 1er avril 1785.

Presque tout le mois dernier, nous avons souffert du froid ; mais la pluie de cette nuit a adouci le temps. Dans la matinée M. Cradock fit quelques visites. A une heure, il revint m'accompagner chez Mme Delamarche ; enfin, vers six heures, nous allions à un concert au bénéfice de Mme Julien. La salle, moins vaste que celle de Marseille, est meilleure pour la musique ; une galerie, au fond de la salle, fait face à l'orchestre. Toutes les places, sans exception, sont de 24 sous par personne. La modicité de ce prix nous étonna d'autant plus que, nous autres Anglais, nous sommes habitués à payer tous nos amusements très cher ; par cela même, nous craignions d'assister à un concert des plus inférieurs, mais nous fûmes agréablement surpris. La troupe se composait de trente exécutants ; parmi eux, quelques-uns sont des artistes de mérite, particulièrement M. Billon, 1er violon du duc d'Aiguillon. Guardini même ne le dépasse pas en sonorité ni en exécution. Mme Billon-Calvelle a un talent remarquable sur le piano-forte ; le sieur Caffro nous a charmés avec le hautbois ; et M. et Mme Ducaire sont d'excellents chanteurs. En somme, concert remarquable. A la sortie, nous trouvions le temps encore changé. Il soufflait un vent froid qui me donna mal aux dents.

PROGRAMME D'UN CONCERT A MONTPELLIER

PAR PERMISSION

GRAND CONCERT EXTRAORDINAIRE

VOCAL ET INSTRUMENTAL

Vendredi premier avril 1785

AU BÉNÉFICE DE MADAME JULIEN ET DES SIEURS ROSE
ET DUPUIS

PREMIER ACTE

Un grand fragment d'*IPHIGÉNIE EN AULIDE*, du chevalier GLUCK, chanté par Mesdames MILLET et SAINT-JULIEN et les sieurs ARLABOSSE, DUPUIS et ROSE.

SECOND ACTE

Un *CONCERTO DE VIOLON* exécuté par M. BILLON, premier violon de M. le duc d'Aiguillon ;
Ariette de Crispin dans la *Mélomanie*, chantée par M. CORRÉARD.
Madame BILLON-CALVELLE, virtuose, jouera un concerto de piano-forte ; M. et Madame DUCAIRE chanteront des ariettes et

duos; le sieur CAFFRO, hautbois du prince de Monaco, jouera un concerto et plusieurs petits airs en variations.

TROISIÈME ACTE

Un fragment composé des morceaux les plus frappants de l'*INFANTE DE ZAMORA*, du célèbre PAISIELLO, chanté par Mesdames DUCAIRE, MILLET, les sieurs DUCAIRE, ROSE, ARLABOSSE et ABADIE.

On commencera à six heures précises du soir
ON PRENDRA 24 SOUS PAR PERSONNE
C'est à la salle ordinaire du Concert, près de la porte de Lattes.

Dimanche 3 avril 1785.

M. Cradock projeta de faire quelques excursions dans les montagnes du pays environnant: il désirait m'emmener; mais, comme je ne me soucie pas de grimper, je le priai de vouloir bien m'en dispenser. Il céda à ma demande. Après dîner, il commanda une voiture qui devait venir le chercher à six heures de matin. A cinq heures nous allions à un concert donné cette fois au bénéfice de M. Billon, qui exécuta un délicieux concerto de sa composition. Il termina la soirée par un duo avec variations, joué par lui et M. Calvel sur le même violon, ce qui produisait un effet curieux.

PROGRAMME D'UN CONCERT A MONTPELLIER

PAR PERMISSION

GRAND CONCERT
VOCAL ET INSTRUMENTAL

Dimanche troisième avril 1785

AU BÉNÉFICE DE MADAME BILLON-CALVELLE, CLAVECINISTE

ET DE M. BILLON

ANCIEN PREMIER VIOLON DE Mgr LE DUC D'AIGUILLON

Ce concert commencera par un fragment de la *FAUSSE MAGIE*, opéra bouffon de M. Grétri (sic).

M. Billon jouera un concerto et un pot-pourri, le tout de sa composition.

M. Arlabosse chantera l'ariette des *Cloches*.

Madame Millet chantera une ariette de la *Colonie*.

Madame Billon-Calvelle exécutera sur le piano-forte un concerto et un pot-pourri.

M. Ducaire chantera la grande ariette d'*Orphée*.

Madame et M. Ducaire chanteront le duo d'*Iphigénie*.

M. Billon jouera un concerto.

Madame Millet chantera une ariette d'*Ariane*.

M. Billon jouera un pot-pourri de sa composition.

Madame Ducaire chantera la grande ariette de la *Caravane*.

Madame Billon-Calvelle exécutera sur le piano-forte un concerto suivi de variations de *Malborouk*, de sa composition.

Le concert sera terminé par un duo et variations exécutés sur le même violon par les sieurs Billon et Calvel.

On commencera à six heures précises du soir

ON PRENDRA 24 SOUS PAR PERSONNE

C'est à la salle ordinaire du Concert, près la porte de Lattes.

Lundi 4 avril 1785.

Le soleil se leva clair et brillant, et M. Cradock partit à six heures. On eût dit que le temps se maintiendrait, mais vers huit heures, s'éleva un vent glacé ; aussi, je résolus de rester au coin de mon feu. Vers six heures et demie, arriva Mme Salze avec sa mère, son petit garçon et son chien. Ces dames, me disaient-elles, venaient me tenir compagnie, supposant que je devais être triste de rester seule. A la vérité, malgré toute leur bonne volonté, leur société ne m'amusa guère ; elles parlaient beaucoup entre elles, et, ne comprenant pas assez le français, je ne pouvais me mêler à leur conversation. Elles imaginèrent de faire chanter par l'enfant la chanson de Marlborough [1], qu'elles reprenaient en chœur en refrain. Tout cela était peu divertissant ; mais ces dames avaient si bonne intention que je fus aussi aimable que possible, et je réussis si bien, qu'en partant, elles me promirent de revenir.

---

[1] La complainte de *Malborough*, qu'on orthographiait *Marlborough*, était alors dans toute sa nouveauté. Elle avait été importée à la Cour par la nourrice du Dauphin. Tout se faisait à la Marlborough, et on lit, dans les *Mémoires de Bachaumont*, que la petite-fille du fameux général se fit expédier un essai de toutes les modes imaginées *à la Marlborough*, soit à l'usage des hommes, soit à l'usage des femmes.

Mardi 5 avril 1785.

Je déjeunai à huit heures. A midi, Mme Delamarche m'écrivait un mot, m'invitant à aller ce soir au théâtre avec elle; mais j'avais si mal aux dents que je refusai. A ma grande surprise, vers cinq heures, M. Cradock revint; le froid l'avait empêché de poursuivre son voyage.

Mercredi 6 avril 1785.

Aussitôt déjeuner, M. Cradock sortit lire les journaux, et à onze heures je rendis visite à Mme Delamarche. De retour à une heure, je partais avec M. Cradock, chez un marchand de chandelles et de bougies, voir la manière de blanchir la cire. Le chandelier et sa famille se montrèrent on ne peut plus complaisants, en nous expliquant les différentes opérations par lesquelles passe la cire avant de pouvoir l'utiliser. Dégagée complètement du miel, la cire brute s'envoie, bien tassée, dans de petits barils qu'il suffit de défoncer pour l'en retirer. On la met d'abord bouillir dans un chaudron à très petit feu, ayant soin d'écumer. Quand elle est claire, on la transvase dans un autre chaudron. Cette opération doit se faire doucement, afin de ne pas entraîner les saletés déposées au fond du premier chaudron. Cette fois, on la fait bouillir à grand feu et, à mesure que la cire monte au-dessus, on la retire au moyen d'une petite écuelle, et on la verse peu à peu à travers un fin tamis sur un rouleau en bois soutenu au milieu d'un profond baquet rempli d'eau froide et que deux femmes, chacune à un bout, font vivement tourner dans l'eau, de façon à ce que la cire, s'enlevant en flocons légers, s'éparpille au-dessus de l'eau. On la recueille alors, on la met dans d'énormes bourriches doublées d'étoffe claire, et on l'y laisse jusqu'à ce qu'elle soit bien égouttée. On l'étend ensuite sur des métiers tendus de grosse toile d'une largeur d'une aune environ, qu'on laisse exposés à l'air nuit et jour. De temps en temps, on retourne la cire, et lorsqu'elle est devenue d'un blanc de neige, ce qui se produit au bout d'une quinzaine, elle est bonne à employer; mais, pour faire des chandelles, on ajoute de la graisse de mouton ou de sanglier; sans cela, nous expliqua le chandelier, la cire ne brûlerait pas bien, et les chandelles se casseraient.

Après avoir remercié toute la famille de s'être mise si complaisamment à notre disposition, nous partîmes pour l'hôpital général, éloigné seulement d'un quart de mille de la ville. Ce bâtiment est vaste et commode. Une des ailes, divisée en quartiers, renferme les malades de l'un et l'autre sexe ; une autre, les vieillards et les infirmes qui y sont nourris et habillés ; une troisième est destinée aux enfants trouvés. De même que l'hôpital de la Charité, à Lyon, comprend la manufacture de soieries, ainsi celui de Montpellier comprend la manufacture de coton ; on y emploie, jeunes ou vieux, tous ceux encore capables de travailler, quoiqu'à l'hôpital. Nous parcourûmes les principales parties du bâtiment : partout régnaient l'ordre et la propreté. Une des salles, qu'on nous fit traverser, réservée aux malades incurables, contient à peu près cent lits. Chacun a son lit séparé. Quelques-uns de ces malheureux étaient mourants, mais bien soignés, et autant que possible on adoucissait leurs derniers moments. D'un côté de la salle, se trouve un petit autel entouré d'une balustrade en bois : soir et matin, on y dit la prière. Dans un corps de bâtiment complètement détaché du reste, on a établi une boulangerie. On y pétrit le pain, on l'y fait cuire et même on y moud le blé à l'aide de deux moulins à main aisément maniables. Par l'ouverture d'un grenier placé juste au-dessus, le blé tombe directement dans les trémies des moulins. Nous goûtâmes du pain sortant du four : il était excellent. Nous retournions dîner à trois heures.

Vendredi 8 avril 1785.

Été, vers onze heures, nous asseoir au soleil près de la fontaine sur la place du Peyrou ; puis, nous promener jusqu'au pont Juvénal, sous lequel passe le canal servant aux transports entre Montpellier et la mer. Nous y fûmes distraits par quelques marins qui, après avoir mangé et donné, il me sembla, bien maigre pitance à leur chien qui n'eut guère que leurs assiettes vides à lécher, se mirent à chanter, à danser et à jouer comme de véritables enfants. Je rencontrai, sur le bord du canal, un rémouleur à qui je confiai mes ciseaux à repasser ; il fut très content, et moi aussi. Nous étions de retour à deux heures et demie. Après notre dîner, ces dames Salze arrivèrent. Sous prétexte de m'amuser, elles essayèrent de m'apprendre un jeu de cartes. Elles veulent être aimables, mais ne savent jamais s'en aller. Elles ne prirent congé de moi qu'à huit heures.

Samedi 9 avril 1785.

Après déjeuner, M. Cradock allait à la poissonnerie ; moi, à l'église ; et à onze heures nous partions ensemble faire une promenade à travers champs. Près d'une ferme, nous aperçûmes une grande quantité de cages (plusieurs renfermant des oiseaux) au milieu de filets tendus à terre. Le maître de la ferme nous expliqua que cet appareil servait à attraper les ortolans, oiseaux de passage venant spécialement des Antilles et de la côte d'Afrique, et traversant le Midi de la France, en avril jusqu'à la fin de mai, mais jamais plus tard. Ils se prennent dans les filets près desquels on attache des oiseaux par une ficelle à un bâton, afin de les attirer. Le fermier nous assura en avoir pris ainsi jusqu'à six cents l'année dernière. A leur arrivée, ils sont maigres; mais on les engraisse dans les cages. Comme grosseur et comme plumage les ortolans ressemblent assez à la grive : ils sont fort recherchés ; on les paie très cher et se servent surtout sur la table des grands. Notre retour fut très agréable, car non seulement nos yeux étaient charmés du paysage varié et de la vue de la mer, mais aussi les sons d'une musique de régiment, faisant une répétition en plein champ, parvenaient jusqu'à nous. Aussitôt rentrés, Mme Salze arriva ; sa visite ne fut interrompue qu'au moment où on nous apporta le dîner, mais elle promit de revenir après. J'évitai ce grand empressement en allant, aussitôt mon repas fini, m'asseoir sous les arbres de la place du Peyrou.

Dimanche 10 avril 1785.

M. Cradock s'habilla de bonne heure pour rendre quelques visites. A midi, j'allais à la messe militaire. Jamais, dans aucun lieu de dévotion, je n'en vis si peu, ni n'entendis autant de tapage : la foule, les enfants et les chiens, chacun faisait des bruits différents. Cette réunion semblait être bien plutôt un sujet d'amusement que de piété, et la musique militaire même, en n'exécutant que des airs d'opéra, des marches et des menuets, ajoutait à l'illusion.

De retour, nous dînions à deux heures et demie, et à cinq heures nous gagnions le théâtre où se donnait un opéra tragi-comique. La musique est bonne, les acteurs bons, et les costumes élégants, surtout ceux des femmes. La seconde pièce, *Mirza*, était une sorte de grand ballet-pantomime, sans décors, entremêlé de musique et de danses. Il débute par un morceau de harpe joué sur la scène par une jeune fille ; celle-ci n'a pas plus tôt fini qu'elle se met à danser le menuet de la cour avec un danseur : d'autres se joignent bientôt à eux. Ensuite commencent une marche et des danses guerrières françaises, suivies d'une marche et de danses africaines, les uns et les autres dansant selon la mode du pays. La danse du chef africain fut fort applaudie. Enfin, il y a un combat simulé entre les deux partis, et le tout se termine par un chœur général de danse. Ce ballet, bien conduit et majestueusement exécuté, eut le plus grand succès. Pour ma part, je pense n'avoir rien vu de mieux dans ce genre. Le théâtre est assez grand, mais mal éclairé, et le public plus tapageur que partout ailleurs. Nous étions de retour à neuf heures pour souper.

Vendredi 15 avril 1785.

Fort mauvaise nuit. Avec les chaleurs, les punaises ont fait leur apparition et ne m'ont laissé aucun repos.

Samedi 16 avril 1785.

M. Cradock m'a présenté M. d'Yvernois, qui a offert de m'accompagner demain à l'Assemblée protestante. Été faire quelques achats avec Mme Delamarche, et à quatre heures au théâtre, dans la loge de l'intendant.

Dimanche 17 avril 1785.

M. d'Yvernois est arrivé à neuf heures, et, aussitôt déjeuner, il m'a conduite à l'Assemblée. La religion protestante n'étant pas reconnue par l'État, les fidèles n'ont pas d'église proprement dite, mais se réunissent dans une grange peu éloignée de la ville. Cette grange n'a qu'un mur de côté où sont placés des bancs autour de la chaire; un toit ne la couvre qu'à moitié, l'autre moitié est protégée par une simple toile. L'assistance se montait à près de 1.000 personnes et encore, m'assura-t-on, ce n'était qu'une petite assemblée, le nombre des protestants à Montpellier et aux environs se montant à plusieurs milliers. L'office se fait en français; il n'y a pas d'orgue, mais les psaumes se chantent à l'unisson. Tout le monde paraissait très recueilli, et je me joignis de grand cœur aux prières. Le trajet du retour eût été fort agréable sans une poussière qui nous aveuglait.

Après dîner, nous fûmes à la cathédrale assister au *Te Deum* en l'honneur de l'heureuse délivrance de la reine, qui a donné le jour à un prince créé, aussitôt après sa naissance, duc de Normandie. L'église était bondée; mais, à l'aide du suisse et de quelques messieurs qui nous reconnurent comme étrangers, on nous procura de bonnes places. L'orchestre se composait d'un grand nombre de musiciens, et l'on remarquait quelques belles voix parmi les chanteurs; mais le chant lui-même me parut assez terne et ne pouvait soutenir aucune comparaison avec le *Te Deum* de Hœndel. L'évêque.

revêtu d'une chape tissée d'or et d'argent et assisté de douze prêtres, donna la bénédiction ; puis, aux sons de l'orgue, une centaine de prêtres, tous en surplis, sortirent de l'église rangés deux à deux, suivis des avocats, hommes de loi, etc., chacun dans leurs costumes distinctifs : les premiers en robes de velours noir, les seconds en satin noir, les autres en soie noire. Venaient ensuite les docteurs en médecine, et enfin les étudiants en théologie, lettres ou sciences, groupés selon leur état. La foule des fidèles fermait la procession.

Après la cérémonie à la cathédrale, tout le monde se dirigea, et nous avec les autres, vers l'Esplanade, où les militaires devaient faire des exercices à feu accompagnés de musique ; mais la poussière nous gbligeait bientôt à partir, et nous allions au théâtre où nous ne parvînmes à pénétrer qu'avec difficulté. La pièce qu'on y donnait : *La fable d'Orgilio*, assez insignifiante, nous ennuya. Nous fûmes rejoints par le gouverneur Pownal et le major Morisson ; ces Messieurs fort en train, surtout le premier.

Nous revînmes à pied ; je trouvai les illuminations, qu'on nous dit être remarquables, plus qu'ordinaires. En général, une seule chandelle dans une lanterne de papier brûlait à chaque fenêtre ; du côté de l'hôtel de ville et près de la fontaine, quelques lampes. Partout des gens ivres ayant puisé trop abondamment aux tonneaux de vin disposés dans les rues, et des enfants se précipitant, en se bousculant, sur les dragées qu'on jette à pleines poignées dans les occasions semblables. On nous dit qu'il en avait été jeté 200 livres dans la soirée. Nous étions à la maison à dix heures, un peu fatigués de nos différentes distractions.

Mercredi 20 avril 1785.

M. Cradock venait de sortir à onze heures faire des visites, lorsque arrivèrent Mme Salze et sa mère. Une heure après, parut M. Salze avec son petit garçon ; toute la famille ne me quitta qu'à une heure, et j'avoue que j'en étais lasse, car avec les meilleures intentions du monde ces dames me prennent un temps qu'elles ne peuvent me rendre. Ils étaient encore là quand revint M. Cradock, m'annonçant qu'il avait invité à dîner le P. François, supérieur du couvent de la Merci, situé vis-à-vis de notre maison. Le P. François a habité Barcelone et a séjourné assez longtemps en Angleterre. C'est un homme âgé, aimant à raconter et à converser. On discuta la question religieuse : il nous parla des déceptions éprouvées dans sa vie, des contestations s'élevant parfois entre les Frères de son couvent et des autres communautés, de sa douleur à la perte d'amis préférés, etc., etc. ; enfin, il nous tint à l'écouter jusqu'à cinq heures et demie, heure à laquelle je partis au théâtre avec Mme Delamarche. M. Cradock vint nous rejoindre, mais la chaleur l'incommoda à tel point qu'il n'attendit pas la fin. A dix heures, j'étais chez moi à souper.

Jeudi 21 avril 1785.

A onze heures, été chez Mme Delamarche, puis dans une boutique acheter de la soie pour tricoter des bourses. Tout cher, mais les gens très polis. Rencontré M. Cradock, et regardé ensemble un jardin français du plus mauvais goût. Revenus à la maison. Dîné à trois heures. Ensuite à la place du Peyrou, lu pendant une heure. Rentrée chez moi. A six heures été au théâtre. A huit heures pris du café. A onze heures couchée.

Samedi 23 avril 1785.

Déjeuné à huit heures. Après dîner, été premièrement chez un confiseur, puis au théâtre où se donnait un très joli spectacle : *le Misanthrope*, de Molière, et *le Devin du Village*, de Rousseau. L'interprétation des deux pièces fut excellente, particulièrement celle du *Devin*. Mme Ducaire jouait le principal rôle et chanta merveilleusement. Vers neuf heures, nous rentrions souper avec M. d'Yvernois, qui nous accompagnait.

Dimanche 24 avril 1785.

Nous n'avions pas achevé de dîner quand entra le P. François, nous apportant du café fait par lui à la mode turque. Il était réellement délicieux ; nous lui en fîmes compliment, et ce bon Père, tout à la fois heureux de son succès et de notre satisfaction, resta une demi-heure à causer avec nous.

Été à l'Opéra avec Mme Delamarche et M. d'Yvernois. Nous ne pûmes obtenir que des places d'amphithéâtre où ne vont jamais les dames de la société, excepté les dimanches soirs, quand la salle est généralement pleine ; cependant ces places sont excellentes : on y entend et on y voit très bien. On jouait *Iphigénie en Aulide*, de Gluck. Cette belle musique a été bien interprétée, les décors soignés et magnifiques, de sorte que nous revînmes à neuf heures et demie, très contents de notre soirée.

Mardi 26 avril 1785.

Les punaises m'ont empêchée de dormir, et j'en ai été malade toute la journée. Après dîner, été me promener; dans la soirée au théâtre, où je ne suis pas restée longtemps, ne me souciant guère de voir des acteurs assassiner une tragédie.

Jeudi 28 avril 1785.

Le P. François est entré causer avec nous pendant notre déjeuner. Bien que me sentant mal à l'aise, été me promener au jardin du Roi.

Dimanche 1ᵉʳ mai 1785.

Souffrante depuis quelques jours, je me décidai à appeler un chirurgien pour me saigner. Il le fit très habilement, et aussitôt après je me sentis soulagée; mais dans la journée je fus prise de faiblesses telles que je ne pouvais me lever de mon sopha sans perdre connaissance.

Lundi 2 mai 1785.

Après une nuit plus calme et du repos, j'ai repris quelques forces et me suis même levée. Visites de Mᵐᵉ Delamarche, M. d'Yvernois, Mᵐᵉ Salze et du P. François, qui sont tous venus s'informer de ma santé.

Dimanche 8 mai 1785.

Été à midi à la messe militaire. Reçu des nouvelles désagréables ; aussi n'avais-je pas du tout l'esprit à la conversation et je crois même avoir abrégé la visite que nous fit le P. François à deux heures. J'ai eu aussi grande envie de refuser une invitation de Mme Delamarche; mais, après tout, j'ai pensé qu'il valait mieux me distraire de mes ennuis, et j'ai accepté. On a cependant remarqué mon air préoccupé, j'ai mis cela sur le compte de la chaleur. Couchée à onze heures, je n'ai pas fermé l'œil de la nuit.

Lundi 9 mai 1785.

Été ce matin à l'église. Appris avec plaisir la réussite de l'opération de la pierre, faite à un Monsieur dont on m'avait raconté les souffrances, et recommandé ce matin même aux prières. Cette bonne nouvelle m'a distraite un peu des contrariétés éprouvées hier.

Mardi 10 mai 1785.

Été à onze heures chez Mme Delamarche où je retins, pour le lendemain, un dentiste réputé très adroit. Été ensuite avec elle faire quelques achats, puis chez un ébéniste voir différents modèles de marqueterie. Vers sept heures du soir, été avec M. Cradock sur la place du Peyrou. Soirée délicieuse. D'un côté, la lune se levait brillante et calme, tandis que, de l'autre, des éclairs sillonnaient l'horizon d'instants en instants, et au milieu de ce silence arrivaient les sons d'une flûte allemande, ajoutant encore ainsi au charme qui nous enveloppait.

Mercredi 11 mai 1785.

A neuf heures, arriva le dentiste. Craignant que la présence de M. Cradock m'ôtât du courage, je le priai de se retirer. Il ne revint qu'à une heure, quand, à ma grande satisfaction, tout était terminé. Visites de M. Salze et de M. d'Yvernois.

Vendredi 13 mai 1785.

J'ai souffert hier presque toute la journée, et me suis réveillée avec une fluxion. J'appelai donc de nouveau le dentiste qui constata qu'une petite opération était nécessaire, après laquelle je me trouvai soulagée.

Lundi 16 mai 1785.

La guérison que j'espérais ne s'est pas produite, et j'ai encore été forcée de recourir au dentiste qui, cette fois, j'espère, a bien fini. Mme Delamarche, toujours aimable, m'a apporté du chocolat fait chez elle. C'est presque la seule chose que j'aie pu manger, aussi ai-je trouvé terriblement long le dîner auquel nous avions invité le P. François qui nous a tenus plus de deux heures à table, ne s'interrompant de manger que pour parler avec force détails inutiles. Mme Salze est venue, mais n'est restée que peu de temps.

Jeudi 19 mai 1785.

J'ai écrit à toutes mes sœurs, fait mes malles et fini mes achats, devant quitter Montpellier demain, car la famille qui nous a si libéralement confié sa maison doit y revenir. A quatre heures, est arrivé le P. François ; bientôt après, M. et Mme Delamarche avec lesquels nous allâmes faire un tour sur la place du Peyrou. Je n'étais pas couchée avant minuit.

Vendredi 20 mai 1785.

Aussitôt déjeuner, nous nous préparions au départ. A onze heures, M. d'Yvernois venait nous faire sa visite d'adieu ; le P. François nous apportait une lettre de recommandation pour le Commandeur du couvent de la Merci à Toulouse ; et une autre pour remettre à M. de Breteuil à notre retour, à Paris ; enfin, Mme Delamarche venait m'offrir comme souvenirs un charmant portefeuille et deux petits sacs à bonbons, brodés par elle à mon intention. Elle resta une heure avec moi, je la remerciai de toutes les attentions qu'elle m'avait prodiguées, et nous nous quittâmes bien à regret de part et d'autre.

Tandis que M. Cradock la reconduisait chez elle, M. Salze me fit une courte visite. A deux heures, nous dînions ; après quoi, j'allais faire mes adieux à Mme Salze et à sa mère. Celle-ci, assez intéressée, ne perd jamais une occasion de demander ; elle me pria de lui envoyer une paire de lunettes à mon retour en Angleterre. Je répondis évasivement, prétextai mes derniers préparatifs afin de m'en aller au plus tôt, et sortis, sur la place du Peyrou, voir si nos chevaux arrivaient. Mais ces dames me rejoignirent, insistant pour me faire rentrer chez elles ; aussi ce fut avec un vrai plaisir que j'aperçus enfin les chevaux. Je pris donc alors définitivement congé d'elles, et quittai sans le moindre regret Montpellier, dont je n'aimais ni la ville, ni la société, excepté Mme Delamarche qui s'était montrée si bonne et si affectueuse.

Vendredi 20 mai 1785.

A cinq heures et demie du soir, nous partions de Montpellier pour aller à Bordeaux. A peine à un mille de la ville, un de nos chevaux s'abattit, blessa le postillon et brisa les brancards de la chaise. Cet accident nous effraya et surtout nous retarda beaucoup. Enfin, tant bien que mal, on rattacha les brancards avec des cordes, et nous continuâmes à avancer, mais assez lentement, descendant chaque côte à pied. Les routes sont superbes, et le pays admirable. A gauche, l'étang de Thau jusqu'à la Méditerranée, les collines de Cette ; à droite, des champs de blé, des coteaux de vignobles, d'oliviers, partout une campagne fertile. A une heure du matin, nous descendions sains et saufs à Pézenas, à l'hôtel des « Trois-Pigeons ». Tout le monde couché ; il pleuvait à verse ; nous fûmes forcés d'attendre dans notre chaise durant trois quarts d'heure, car la maisonnée semblait si bien endormie que nous commencions à craindre qu'on ne nous entendît pas, lorsqu'une voix répondit à notre appel; mais nous dûmes rester encore quelque temps à la porte, les domestiques ne voulant pas ouvrir, sinon sur l'ordre de leur maître qui ne se hâtait guère. Enfin le cuisinier nous prépara vivement un bon souper; après quoi, M. Cradock se reposa pendant une heure ; moi, j'attendis le jour, et à quatre heures et demie nous reprenions notre chaise.

Samedi 21 mai 1785.

Vers huit heures du matin, nous nous arrêtions à la « Croix-Blanche » à Béziers. M. Cradock envoya la lettre de M. Delamarche à M. Coste, propriétaire du bateau des postes ; il vint aussitôt nous offrir ses services, et mit une petite embarcation à notre disposition. Nous étant d'abord restaurés avec du café, nous parcourûmes la ville bâtie sur une hauteur. Au pied passe la rivière Orb. En général, les rues sont étroites et, dans le même genre, aussi sales qu'à Marseille. De plusieurs points de la ville la vue est magnifique, mais celle que l'on a de la colline sur laquelle est bâtie la cathédrale surpasse tout ce que j'ai vu jusqu'à présent. Des bois, des ponts, des moulins, des constructions et des habitations variées, des vignes, des champs, des prés où paissent de beaux troupeaux, tout cela respire l'abondance, la paix et la tranquillité, et remplit l'âme d'admiration, d'amour et de reconnaissance envers le Créateur de tant de biens.

Nous retournions dîner à l'hôtel à trois heures. Ce repas était bien accommodé, mais les viandes dures. Après notre dîner, le fils de M. Coste nous accompagna dans la ville. A six heures, nous étions de retour. M. Cradock se couchait, mais je ne me retirais qu'à onze heures. J'ai remarqué avec surprise que, dans cet hôtel, toutes les servantes sont nu-pieds ; la maîtresse du logis seule est chaussée : c'est, paraît-il, la coutume du pays.

Dimanche 22 mai 1785.

A six heures du matin, je déjeunais ; puis j'écrivais à Mme Delamarche. Ces MM. Coste arrivèrent de bonne heure, et fort complaisamment s'occupèrent de l'envoi de notre chaise par mules, et de notre propre voyage par eau jusqu'à Toulouse. Ces arrangements pris, nous remerciâmes ces Messieurs, et nous nous fîmes conduire dans un cabriolet jusqu'au bateau-poste du canal royal du Languedoc, dont le point de départ est à une courte distance de Béziers. Ce bateau est grand, propre et bien aménagé en vue des passagers, qui débarquent pour dîner et pour coucher. Le trajet de Béziers à Toulouse se fait en quatre jours, et chaque passager est autorisé à apporter son vin et les provisions dont il pourrait avoir besoin pendant ce temps. Si les bagages excèdent la quantité à laquelle on a droit, on s'entend avec le patron du bateau, que nous trouvâmes, du reste, très raisonnable et très arrangeant. La société composant l'équipage était fort agréable ; quelques officiers supérieurs se montrèrent surtout très attentifs et aimables envers les Anglais. A une lieue de Béziers, nous passâmes sous une haute montagne percée de part en part. Ce souterrain très long est soutenu par une voûte de maçonnerie où sont pratiquées de distance en distance des ouvertures destinées à aérer et à éclairer ce passage. C'est un beau travail.

A sept heures et demie, nous arrivions à l'hôtel où nous devions coucher. Le souper à table d'hôte était excellent et bien servi. Nous étions une trentaine à table, et, comme il est de bon ton de voyager par eau dans cette saison, presque tous les passagers appartenaient à la haute société ; la plupart se rendaient à Toulouse assister à la Fête-Dieu, une des plus grandes fêtes de l'année. L'hôtel était si plein que M. Cradock dut partager sa chambre avec sept autres messieurs. Je partageai la mienne avec ma femme de chambre et la volaille, car jamais je n'oublierai l'abondance et la diversité des saletés accumulées dans cette pièce. Enfin, nous fûmes dévorées à tel point par toutes sortes d'insectes, qu'à trois heures je quittai ce nid dégoûtant, et allai me promener et respirer le grand air jusqu'à six heures.

Lundi 23 mai 1785.

A six heures, on s'embarquait; à midi, on s'arrêtait dîner. En attendant la préparation du repas, nous allâmes nous promener et voir une rivière dont les eaux, au moyen d'une machine très ingénieuse, alimentent le canal qui passe dans un aqueduc.

Au retour de cette excursion charmante au bord de l'eau et à travers bois, on se mit à table. Tout était bon et propre. A une heure et demie nous poursuivions notre voyage, et à six heures arrivions coucher à un petit village. Là, rien de remarquable, sinon une belle vue d'un pont et les ruines d'anciens murs ayant fait autrefois partie d'une enceinte fortifiée. Le fossé l'entourant est maintenant comblé. Nous nous aperçûmes facilement que la maîtresse de l'hôtel présidait elle-même à tout. Chambres propres, et souper excellent.

Mardi 24 mai 1785.

A cinq heures du matin nous embarquions; vers onze heures et demie, nous nous arrêtions à un hôtel sur le bord du canal où nous eûmes un mauvais dîner dans une salle dégoûtante. Chiens, chats, pigeons, poules, dindes, etc., y entraient à leur fantaisie. A chaque instant, on s'attendait à voir paraître les cochons, car nous pouvions facilement nous figurer que, quoique un peu vaste, nous avions pris possession de leur étable. A cinq heures, nous entrions dans l'un des bassins du canal bordé d'un quai en pierres de taille; sa circonférence est environ d'un demi-mille. Nous débarquions à Castelnaudary située sur une éminence, d'où l'on découvre la riche campagne d'alentour. Près de là, il y a vingt moulins à vent servant à alimenter uniquement la ville. Nous descendîmes à l'hôtel du « Lion-d'Or », vieil hôtel propre, gens attentifs et nourriture bonne. Ma femme de chambre, malade, se mit immédiatement au lit. Tandis que se préparait le souper, un des passagers, M. de la Tourde, M. Cradock et moi allâmes nous promener par la ville. Des trois églises que nous visitâmes, une seule nous frappa : aucune statue ornée. Quelques rues larges avec de belles maisons et de beaux magasins. Nous étions à l'hôtel, pour souper à neuf heures, et nous coucher à dix.

Mercredi 25 mai 1785.

A cinq heures du matin, tout le monde s'embarquait : nous vîmes nager des serpents d'eau ; ils étaient de la longueur du bras d'un homme ; leur corps presque transparent déployait au soleil toutes les couleurs de l'arc-en-ciel. Ils ont du venin ; mais le patron du bateau nous certifia que leur morsure n'est pas mortelle. A une heure, nous descendions dîner à un hôtel au bord du canal ; de là à Toulouse, nous nous arrêtâmes plusieurs fois prendre des passagers de toutes conditions. Beaucoup portaient des paniers remplis de fleurs, de lavande, de romarin, de feuilles de laurier, tous allant assister à la Fête-Dieu qui dure huit jours, pendant lesquels les rues sont jonchées de fleurs et d'herbes aromatiques.

De Castelnaudary à Toulouse, la fertilité du sol semble, s'il est possible, encore augmenter. Les blés plus dorés et plus serrés que ceux que nous avions vus, les prés où errent de nombreux troupeaux, ceux déjà fauchés où s'élèvent des meules de foin, tout promet une riche moisson et l'abondance pour hommes et bêtes. On apercevait distinctement dans le lointain les Pyrénées ; plus près, des châteaux sur les coteaux boisés ;

des lis jaunes en pleine floraison formaient une délicieuse bordure au canal, au long duquel s'allongent, de chaque côté, de belles avenues de peupliers d'Italie. On eût dit naviguer au milieu d'un parc. Nous passâmes une trentaine d'écluses. Dans la première partie de notre voyage, notre bateau s'élevait à mesure que se remplissait le bassin. Aux douze dernières écluses, au contraire, notre bateau descendait en même temps que l'eau s'écoulait dans le canal. Je fus d'abord assez effrayée de ces montées et de ces descentes ; mais, après avoir constaté avec quelle habileté le patron et les trois hommes sous ses ordres conduisaient le bateau, j'y pris un plaisir extrême. Nous avions un temps superbe, pas le moindre ennui, et nous nous félicitions de notre traversée, lorsqu'aux derniers arrêts le nombre des passagers se rendant à la Fête-Dieu augmenta tellement que nous fûmes vraiment incommodés de la chaleur. Mais cela ne nous empêcha pas d'arriver gais et contents à huit heures à Toulouse. M. Cradock se rendit aussitôt à l'hôtel du « Grand-Soleil » où avait été expédiée de Béziers notre chaise. Mais la maîtresse de cet hôtel fut si insolente que M. Cradock le quitta immédiatement et alla retenir des chambres au « Griffon-d'Or ». A cet hôtel modeste nous ne pûmes obtenir des chambres qu'à grand'peine, car, au moment de la Fête-Dieu, les plus petites mansardes se payent fort cher, et il est très difficile de se loger.

Toulouse, jeudi 26 mai 1785.

Après déjeuner, M. Cradock alla à la place Royale s'assurer, chez un libraire, d'une fenêtre d'où nous pourrions, l'après-midi, voir passer la procession. Il en loua une vis-à-vis de l'Hôtel de ville, beau bâtiment occupant un des carrés de la place. Il est construit en pierres et briques, enrichi de colonnes de marbre blanc et rose. A une heure, on s'habilla; puis, on se mit à dîner. — A cette époque de l'année, la table d'hôte est composée de la meilleure société et chacun, en honneur de la fête, revêt ses plus beaux habits. Plusieurs des convives dépassaient en élégance ce que j'avais vu à Paris ; mais d'autres, en plus grand nombre, portaient des toilettes flamboyantes en étoffes tissées d'or et d'argent, ayant déjà brillé à bien des fêtes. A table, les messieurs sont fort prévenants pour les dames qui n'ont autre chose à faire qu'à manger ; on porterait plutôt un plat d'un bout de la table à l'autre, que de laisser à une dame la fatigue de se servir elle-même. J'ai cru que le repas ne finirait jamais. Nous eûmes un premier service de soupes variées ; un second, de fricassées de rôtis ; un troisième, de légumes, etc., suivi de crèmes, pâtisseries, fruits, biscuits, etc., etc. Il semblait que quelques-uns ne dussent plus manger jusqu'à la fête suivante. A côté de moi, un monsieur se servit de dix-sept différents plats, sans compter la soupe. A chaque instant je m'attendais à voir craquer son gilet bleu brodé d'argent ; néanmoins, il sortit de table sain et sauf.

A trois heures, nous nous rendîmes à la place Royale. Notre fenêtre, très avantageusement située, donnait en plein sur l'Hôtel de ville tendue de magnifiques tapisseries. De l'autre côté de la place, des charpentes recouvertes de tapisseries formaient une allée par laquelle devait passer la procession qui commença à quatre heures. Elle ressemblait beaucoup à celles que nous avions vues à Paris, excepté qu'à celle-ci assistaient les Capitouls en costumes, leurs queues portées par quatre, ou même quelquefois six pages magnifiquement habillés.

La procession terminée, nous entrâmes à l'Hôtel de ville visiter les salles où siègent les États du Languedoc. Elles sont sombres, meublées dans l'ancien style sévère et grandiose. Des portraits de rois de France et d'hommes d'État remarquables ornent les boiseries. Je ne pouvais, en parcourant ces salles, m'empêcher de me reporter au jugement de Calas. Nous montâmes ensuite à l'étage supérieur où se trouve l'Exposition de Peinture et de Sculpture moderne ouverte, dans ce jour de fête, au public. Nous y remarquâmes quelques beaux portraits, paysages et tableaux d'histoire.

De là, nous nous rendions à l'église dépendant du couvent des Carmélites, où sont conservés, dans un caveau, des cadavres desséchés. On informa M. Cradock qu'il ne pourrait y entrer avant sept heures, et qu'aucune femme n'y était admise. Une princesse n'avait même pas fait exception. Ayant pourtant presque obtenu la promesse qu'on monterait un des cadavres, afin de me le montrer, M. Cradock me conseilla de me promener dans les cloîtres jusqu'à ce qu'il revînt. Quand la cloche sonna pour l'office du soir, je pénétrai dans l'église. Elle est grande, les murs revêtus de beaux marbres. Sur l'autel, splendidement orné en l'honneur de la Fête-Dieu, plus de cent cierges illuminaient les rayons de l'ostensoir d'or. L'orgue accompagnait le chant des prêtres, et au moment de la bénédiction, s'y joignit un roulement de tambour : l'assistance entière répondit au *Laudate* qui termina la cérémonie. Aussitôt après, M. Cradock revint de la sacristie où on lui avait montré le trésor ; puis, on l'avait conduit dans le caveau où il avait encore insisté, afin qu'on me fît voir un cadavre. Enfin, après bien des hésitations, et avec promesse de n'en parler à personne, on lui dit que, si Madame voulait se rendre dans une chapelle désignée, on lui apporterait là un des corps. En effet, un guide vint me conduire à une chapelle fermée à clef; il l'ouvrit et j'y entrai. M. Cradock me rejoignit et on apporta le corps. Il y avait plus de quatre cents ans que ce cadavre était là; cependant il était entier: la peau couleur poussière tombait en loques de dessus les os; la tête parfaite; la peau et les muscles y adhérant devenus comme du marbre, et, à part les yeux qui n'existent plus, les traits sont si bien conservés qu'on eût pu reconnaître la personne si on l'eût connue de son vivant. Les cheveux longs semblaient des fils d'argent, les mains étaient jointes et les ongles intacts. C'est un spectacle étonnant, mais bien impressionnant. Après avoir donné la pièce à celui qui avait monté le corps et remercié de la faveur accordée, nous allâmes faire un tour sur la place du Pont-Neuf et sur le quai, et rentrâmes très fatigués à l'hôtel à neuf heures passées. La chaleur était si forte qu'on fit circuler un avis par lequel on prévenait que le Théâtre, où devait jouer, ce soir-là, la célèbre Mme Dugazon, ne s'ouvrirait qu'à dix heures.

Vendredi 27 mai 1785.

Mauvaise nuit à cause des punaises. A une heure, après un dîner maigre, moins copieux que celui de la veille, mais aussi bien préparé, M. Cradock accompagnait au café M. de la Tourde qui se joignit à une procession de pénitents blancs. Arrivés à trois heures à l'église Saint-Sernin, on nous dit que nous ne pourrions voir le trésor avant sept heures. Nous nous rejetâmes donc sur l'église des Carmélites : elle a un autel splendide, est grande et décorée avec goût, malgré une profusion d'or et de marbres rares.

De là, nous allâmes à la chapelle Sainte-Marie du couvent de la Visitation. Quoique petite, dans son élégante simplicité, avec ses boiseries d'un gris clair ornées de tableaux, son autel de marbre bordé d'un feuillage léger rehaussé d'or, elle a un peu l'apparence d'un beau salon. Nous nous dirigeâmes ensuite vers l'Esplanade, grand terrain plat, ombragé d'arbres magnifiques et attenant à la promenade appelée jardin du Roi, où, chaque dimanche, dans l'après-midi, aussi souvent que le temps le permet, des centaines de personnes se rendent dans les restaurants et les cafés, y manger, danser, chanter et s'amuser.

A sept heures, nous retournâmes à Saint-Sernin, vaste église fort ancienne[1]. Le Trésor est d'une richesse remarquable. Nous admirâmes surtout une agate finement travaillée de la grosseur d'un œuf de poule et une topaze de toute beauté, sans compter

[1] Pour la description de Saint-Sernin, notre voyageuse renvoie au *Nouveau Voyage en France*, page 25.

des pierres précieuses d'une valeur inappréciable. On nous conduisit après dans une galerie, au-dessus du grand autel, voir passer la procession qui faisait, en ce moment, le tour de l'église. Une centaine de prêtres y assistaient, la plupart vêtus de riches ornements, les autres en surplis et portant des cierges allumés; un millier de cierges illuminaient l'église. Les chants admirables accompagnés de l'orgue, la grandeur imposante avec laquelle était ordonnée cette cérémonie, tout portait l'âme à la dévotion. De retour à neuf heures, M. de la Tourde m'offrait un magnifique bouquet.

Samedi 28 mai 1785.

Des Carmes, où j'assistai dans la matinée à l'office, qui, en raison de la fête, fut célébré solennellement, je parcourus, avec ma femme de chambre, plusieurs boutiques. Dans l'une d'elles, la plus propre que je vis jamais, la marchande nous fit force amabilités et prévenances, parlant de l'honneur qu'elle avait de vendre quelque chose aux dames anglaises, et insistant pour envoyer elle-même chez moi mon achat, bien qu'il ne pesât guère plus qu'une petite pelote, afin d'éviter à ma femme de chambre la peine de le porter. Outre sa politesse, elle était honnête, et je ne pense pas qu'elle ait surfait le prix de sa marchandise.

Après dîner, été au café sur la place Saint-Étienne, où se trouve la cathédrale qui porte le même nom. Elle est grande et belle. Nous la trouvâmes brillamment illuminée à cause de la fête. Bientôt, j'entendis les sons d'une musique venant du dehors, et voyant une foule assemblée aux abords de la porte, je supposai qu'on allait au-devant de la procession ; nous nous approchâmes donc comme tout le monde, lorsqu'à notre grande surprise nous vîmes, au bas des marches de l'église, un ours dansant et six singes habillés. C'était cette musique que j'avais entendue. — Nous ne restâmes pas pour la cérémonie ; mais, poursuivant notre chemin, nous fûmes d'abord à la Bibliothèque publique à côté du palais archiépiscopal qui touche à la cathédrale, puis à l'église du couvent des Bénédictins, vieille et sale, mais dont le superbe et grand autel reluisait d'or. Au milieu est placée la statue de la Vierge avec l'Enfant-Jésus de grandeur naturelle. C'est une Vierge noire, habillée d'étoffes d'or brodées de fleurs en perles et de pierres précieuses. Sa robe, soutenue de chaque côté par un ange, lui forme une auréole au-dessus de la tête.

Nous allions ensuite voir les grands moulins au bord de la Garonne. Dans ces moulins à eau, d'une construction toute particulière, la farine se sépare du son à mesure que se moud le blé. Nous descendîmes près de la machine qui met les roues en mouvement ; mais le tapage des roues et de l'eau m'effraya, et je remontai promptement. Avant de retourner à l'hôtel, nous visitâmes encore une église ; mais je dois avouer que je fus stupéfaite de la tenue de quelques assistants, parlant, gesticulant, marchandant les chaises, et semblant se croire plutôt à une foire qu'à une cérémonie religieuse.

Dimanche 29 mai 1785.

A onze heures, Mme de X... fort obligeamment nous conduisit à un endroit commode pour assister à la procession des Bénédictins. Nous y étions assis depuis peu de temps, quand nous vîmes sortir de leur couvent les moines précédés de leur riche bannière, sur laquelle était brodée la Vierge noire. En passant, un des moines nous fit des observations sur notre toilette de voyage qu'il ne trouvait pas, disait-il, digne de la cérémonie. Mme de X... lui répliqua qu'étant Anglais, étrangers aux coutumes du pays, on n'avait pas le droit d'exiger de nous une grande toilette pour cette occasion. J'avais grande envie de me retirer : mais Mme de X. me fit rester avec insistance, disant, à qui voulait l'entendre, que les moines étaient toujours de mauvaise humeur quand ils sortaient en procession, mais que personne n'y faisait attention.

La procession passée, été nous promener sur le quai Saint-Cyprien et retournés dîner.

A quatre heures, nous allions au jardin du Roi, bien ombragé, planté d'allées d'ormes, avec des bancs en pierre pour se reposer. Des personnes de tous rangs remplissaient le jardin, lui donnant un air de gaieté et de fête. A sept heures, je me fis ramener dans une chaise à porteurs.

Lundi 30 mai 1785.

Été visiter la maison du Comte de Bar, renommée à cause de son extrême élégance et de son ameublement recherché. Elle n'a que deux étages. La salle à manger et les offices occupent le rez-de-chaussée. La salle, dans le style italien, est carrelée et chauffée par un poêle. Aux murs peints à fresques, des candélabres sont accrochés de distance en distance. Les chaises, aussi petites que possible, sont cannées de jonc. La partie de la salle, où se tiennent les domestiques auprès des buffets et de la fontaine où se lavent les verres, est séparée par une balustrade de deux pieds de haut. A côté de la salle à manger, on monte un escalier en pierres en assez mauvais état et très sale; il est bordé d'une lourde rampe en fer. Les murs peints imitent le stuc, et le plafond représente des amours voltigeant au milieu de guirlandes de fleurs. On arrive ainsi à une suite d'appartements, tous plus luxueusement meublés les uns que les autres, et dont tous les foyers sont dissimulés au moyen de glaces délicieusement peintes.

La première chambre tendue de tapisseries des Gobelins, meubles en étoffe blanche à bordures d'indienne de différentes couleurs. — La deuxième avec sculptures, peintures or et blanc, glaces de toutes grandeurs, quantité d'objets en porcelaine de Sèvres et de Chine ; rideaux et chaises en lampas bleus garnis de dentelles et de franges d'or. Bien qu'elle ne fût pas grande, cette chambre avait deux cheminées, toutes deux ornées de superbes glaces ; le dessus de cheminée lui-même était en glaces, et si bien encastré dans le marbre qu'il ne semblait former qu'une suite de la glace du dessus. Sur une des cheminées, une urne en albâtre curieusement travaillée que le domestique nous dit être un antique de grande valeur. — Sur les murs de la troisième chambre, aussi élégamment meublée et décorée que la précédente, étaient suspendus quelques petits tableaux. Dans l'alcôve, un lit de soie verte ; au milieu du ciel de lit, un groupe de colombes et de fleurs ; à la tête un tableau représentant Vénus et Cupidon. — La quatrième chambre, petite, avec lourdes tentures, petits tableaux et surtout des émaux des plus rares sur une commode, et sur la cheminée, des groupes de Sèvres et des vases de Chine. Dans un renfoncement, juste assez grand pour le contenir, un sofa en soie jaune citron admirablement brodé d'argent et orné de franges d'argent et de boutons de roses. Il est adossé à un mur disparaissant sous une glace, sur laquelle est peinte une belle femme en élégant négligé; d'une main, elle tient un livre, de l'autre un ruban enlaçant un oiseau qui s'envole. Cette peinture a été si bien conçue dans le but de tromper à première vue, qu'en entrant on croit voir, en réalité, une dame couchée sur le sofa. — La cinquième chambre est un peu dans le style chinois avec rideaux et meubles en toile des Indes; sur un des côtés, des cases servant à des collections d'histoire naturelle les séparant au milieu, une superbe statue d'enfant; au-dessus une sculpture représentant *Léda et le Cygne*. A deux coins de cette chambre, des figures en porcelaine de Chine de grandeur naturelle, assises sur des marche-pieds. — La sixième et dernière chambre, formant galerie, est éclairée à une des extrémités par une énorme fenêtre vénitienne. Les murs tendus de soie verte, les meubles pareils; beaucoup de tableaux dont quelques-uns très appréciés; des armoires vitrées allant du plafond au plancher, divisées en compartiments remplis alternativement de livres, de bronzes antiques, de marbres sculptés, de coquillages et autres curiosités rares et variées. A chaque coin de la chambre, une statue en marbre, avec draperies frangées d'or, représentant les quatre saisons. Chacune tient en main son emblème. Le comte de Bar les a achetées en Italie, et elles sont d'une valeur inestimable. Jamais je ne vis une collection de si belles choses, et je crois même que ces appartements, bien que plus petits, dépassent en luxe et en magnificence ceux de la reine à Versailles.

Après avoir visité la maison, nous descendîmes au jardin. Ce qu'on en voit des fenêtres est assez restreint et taillé à la française. Au milieu du bassin, un joli groupe de *Jupiter et Léda;* les autres nombreuses statues ornant ce petit parterre sont surtout à effet. Sur la gauche, on nous dit que se trouvait *un vrai jardin anglais.* Naturellement, nous désirâmes y entrer. C'est un terrain de forme irrégulière et complètement plat. On y voit une montagne artificielle avec une cascade peinte sur bois. En haut de la montagne, un petit moulin à vent d'où sort une figure de femme regardant un meunier qui arrive avec un âne chargé de sacs. Au bas du moulin se trouve, d'un côté, une chaumière, la porte ouverte, permettant d'entrevoir un rouet; sur le toit un pigeonnier avec des pigeons. A gauche, au dehors, et tout près de la chaumière, un vieillard, un jeune homme, un chien et un cochon. Le jeune homme offre de l'herbe à trois moutons qui paissent à ses pieds; une vache est couchée un peu plus loin. Toutes ces figures, peintes dans l'idée de représenter la vie, sont absolument ridicules. La seule chose digne d'attention sont deux magnifiques lièvres blancs apprivoisés, semblant fort heureux de prendre leurs ébats en liberté. En résumé, on s'est donné beaucoup de mal et on a dépensé beaucoup d'argent à abîmer un terrain où croissent de superbes marronniers.

Nous fûmes ensuite à la place Royale où les menus plaisirs allaient leur train : des marionnettes, des singes dansants, des jeux de tous genres, etc., etc., et tout cela semblait charmer les spectateurs dont plusieurs appartenaient à la haute société. « Peuple léger, pensai-je en moi-même, comme on t'amuse facilement ! »

A huit heures, nous étions de retour, et après souper passions une très agréable soirée.

Mardi 31 mai 1785.

Après déjeuner, j'allais me promener, tandis que M. Cradock se rendait chez le commandeur des Pères de la Merci, lui apporter la lettre que nous avait donnée pour lui le P. François. Il le reçut fort poliment, lui offrant de nous être aussi utile que possible.

Entre autres sujets de conversation, ces Messieurs parlèrent du projet d'abolition de l'Ordre, très débattu en ce moment même à Paris et pour lequel on n'attendait plus que les lettres de créance du baron de Breteuil. « Monsieur, dit le Père à M. Cradock, il est vrai que, si Sa Majesté souscrit à cette suppression, je ne jouirai plus ni de ces beaux appartements, ni de ce beau jardin; mais, au moins, je recouvrerai ma liberté, ce que désire surtout. »

Ce sentiment, exprimé par un homme entouré de luxe et de bien-être, ne serait-il pas aussi celui de beaucoup de ses frères destinés à l'état ecclésiastique pour des raisons de famille ?

A quatre heures et demie, nous allions au théâtre. Il est petit, mais les acteurs me parurent très supportables. Il y avait même une actrice de Paris, Mme Dugazon, amenée aux fêtes de Toulouse par un Anglais qui l'entretient dans le grand style. A raison de 10 guinées par soirée[1], elle *condescendit* à se montrer sur la scène. Ce soir-là, elle remplissait le rôle de la sultane favorite dans les *Trois Sultanes*[2]. On avait doublé le prix des billets; néanmoins elle faisait tellement fureur que la salle était comble, la chaleur suffocante et le public si bruyant qu'à peine pûmes-nous entendre l'ouverture. Heureusement que, arrivés très tôt,

---

[1] 262 fr. 50. Quoique l'argent eût alors plus de valeur que de nos jours, que diraient nos Etoiles d'une si maigre rétribution ?
[2] Comédie de Favart, musique de Creste.

nous nous étions procuré une bonne loge. A huit heures la représentation se terminait, et à neuf heures, nous soupions.

Mercredi 1er juin 1785.

On s'était mis à table à une heure, lorsqu'au milieu du second service entrèrent quatre soldats de la maréchaussée arrêter un des assistants habillé en abbé et qui dînait habituellement avec nous à table d'hôte depuis le troisième jour des fêtes. Fort élégant et de grandes manières, on apprit bientôt qu'il se cachait sous un déguisement. Fils aîné d'un grand seigneur, occupant lui-même une haute position dans l'armée, il s'était brouillé pour des dettes de jeu avec son père qui le faisait arrêter par lettre de cachet.

Parti de chez lui sous l'habit d'abbé, et accompagné d'un de ses frères, officier comme lui, qui l'avait quitté le matin même, il était venu se réfugier à Toulouse. M. l'*abbé* ne se rendit pas sans résistance; mais il se débattit en vain : les soldats lui lièrent les mains, puis le conduisirent à son appartement. Cet incident dérangea quelque peu le dîner; cependant, l'émotion calmée, on se remit à manger comme s'il ne fût rien arrivé.

A cinq heures, nous allions au bord du canal

d'où l'on voit la ville, la campagne fertile et bien cultivée, les jardins remplis de fleurs et d'orangers. L'habitude de porter des fleurs, d'en offrir et d'en orner les appartements, fait ici la fortune des jardiniers.

Jeudi 2 juin 1785.

J'avais l'intention d'aller faire quelques achats, mais j'en fus empêchée par tous les préparatifs en honneur des processions de l'octave de la Fête-Dieu. A cette occasion, les propriétaires ornent leurs maisons de leur mieux. Tout est employé : anciennes et superbes tapisseries, draps de lit piqués de roses, toiles tendues ou froncées, soies unies ou à fleurs, étoffes de laine, vieux rideaux, etc., chacun prend ce qu'il a. Dans les églises, on habille somptueusement toutes les statues, on décore magnifiquement les autels pour lesquels les habitants prêtent ce qu'ils ont de plus précieux.

A onze heures une procession passa sous nos fenêtres. Le dais admirablement brodé, le grand crucifix d'or orné de fleurs et de rubans, les vêtements des prêtres d'une richesse inouïe, cinquante enfants de chœur portant des cierges, d'autres lançant avec adresse leurs encensoirs d'argent, des petits enfants vêtus de blanc, effeuillant des fleurs sur le parcours ; tout contribuait à rendre ce spectacle touchant et imposant. Il est d'usage que, ce jour-là, les domestiques des hôtels offrent un bouquet à chaque convive de la table d'hôte; ils y manquent d'autant moins qu'on les en remercie par une légère gratification.

Après dîner, M. Cradock alla lire les nouvelles; puis, nous nous promenâmes dans le jardin de l'Archevêché qui, quoique tracé à la française, renferme une quantité de beaux arbres, d'orangers, de myrthes, etc. De là, nous entrions dans la cathédrale où se célébrait la clôture de la Fête-Dieu. Cette église peut, dit-on, contenir des milliers de personnes: elle était pleine. On y prêchait un sermon qui dura une heure et demie; mais ceux seuls placés près de la chaire purent en profiter, car le bruit des disputes, les cris des enfants, les hurlements des chiens ne nous permirent pas d'en entendre un mot. Rien de plus discordant que les chants qui terminèrent la cérémonie. Près de neuf heures, quand nous rentrâmes souper.

Vendredi 3 juin 1785.

Ce matin, ma femme de chambre s'est sentie malade; je voulus la faire saigner. A ma grande surprise, le chirurgien amena un médecin, le médecin amena un apothicaire. Elle leur donna un schelling à se partager, et ils semblèrent se trouver très bien payés. A cinq heures, nous allions au spectacle. On y jouait *la Serva Padrona*, de Pergolèse, au bénéfice de Mme Dugazon. Si tôt que ce fût, il était encore trop tard pour avoir de bonnes places, car ici, comme d'ailleurs dans tous les théâtres en France, on ne peut, comme en Angleterre, retenir sa place à l'avance. La chaleur, le tapage, joints aux façons cavalières d'une dame occupant notre loge, nous chassèrent avant la fin.

Samedi 4 juin 1785.

Bientôt après notre déjeuner, M. de X... vint s'excuser du trouble dont il avait été malheureusement la cause lors de son arrestation pendant le dîner. Des difficultés survenues entre lui et son père l'avaient poussé, nous dit-il, à s'éloigner. Mais il espérait bientôt voir terminer l'affaire à la satisfaction de tous les deux. Nous fîmes échange de politesses, et il partit. M. de X... réapparut au dîner de la table d'hôte, fit de nouveau quelques excuses, et chacun s'efforça, par des paroles bienveillantes, de lui faire oublier sa fâcheuse aventure.

Après dîner, M. Cradock alla prendre congé du commandeur des Pères de la Merci et vint ensuite me chercher pour me montrer l'escalier du couvent des Bénédictins. Arrivés là, on nous prévint qu'aucune femme ne pouvait y pénétrer. Ce couvent, un des principaux de Toulouse, pourrait servir de résidence princière. Ces moines sont très riches, leurs vins et leurs liqueurs renommés. Ils se font bâtir actuellement une grande église attenant à leur couvent. La vie, à Toulouse, est très bon marché; on nous a offert, sur la place Saint-Étienne, une magnifique maison toute meublée à raison de 1.375 francs par an.

Dimanche 5 juin 1785.

A midi, nous quittions notre hôtel et nous rendions à pied jusqu'au bateau qui devait nous transporter à Bordeaux. Une des rues que nous suivîmes, une des plus longues de Toulouse, ressemblait à un joli décor. Tout du long, on avait élevé des arcades en branchages enguirlandés avec un goût exquis, de fleurs, de rubans, de soie, d'étoffes de différentes couleurs, et de petits drapeaux verts taillés en forme de feuille de palmier. De distance en distance, des rideaux de soie ou de velours, tendus d'un côté à l'autre de la rue, retombaient en draperies auxquelles étaient accrochés des tableaux et des images de piété; partout de petits reposoirs élégamment ornés de fleurs, de croix, d'images, etc. Au bout de la rue, dissimulé par d'énormes draperies brodées d'or et d'argent, on avait dressé un grand autel magnifiquement décoré de candélabres d'or et d'argent, de fleurs naturelles et artificielles, celles-ci sous des globes de verre. Au milieu, un grand crucifix doré ; au pied, une Vierge en cire, de grandeur naturelle, richement habillée, les marches de l'autel cachées sous un superbe tapis. Sur toutes les draperies, des images entourées de festons de fleurs, de perles, de rubans, etc. Deux coussins en velours bordé de galons d'or étaient posés sur la première marche. Non loin de l'autel une petite fontaine destinée à couler toute la journée et ornée de lis et d'oriflammes vertes. On attendait ainsi la dernière procession de l'année, celle des Pénitents Bleus. Nous fûmes souvent arrêtés par des enfants, nous priant de contribuer à l'ornementation de leur petit autel ; un sou les contentait. Auprès du grand autel, une dame en toilette élégante nous tendit un plateau ; nous lui donnâmes une pièce de 12 sous et, en récompense de notre générosité, elle nous fit apporter des chaises, afin de nous permettre de regarder à notre aise. Tandis que nous étions là, tour à tour plusieurs personnes s'approchèrent ; la dame, ainsi qu'à nous, leur tendait le plateau ; mais, le plus ordinairement, il n'y tombait que des liards, et quelquefois rien du tout.

Les Pénitents Bleus sont un des plus anciens ordres religieux : les nobles et souvent les rois en firent partie ; le nom est resté, mais la composition n'est plus la même ; maintenant, ce sont surtout des gens du peuple qui suivent leurs processions. Le cuisinier de notre hôtel en était un des membres, et, de retour de la première procession, je le vis, à mon grand scandale, s'amuser dans la cour à encenser mes domestiques avec le même encensoir et le reste de l'encens bénit ayant servi devant le Saint-Sacrement.

Après nous être reposés une demi-heure, nous reprîmes notre chemin au bord du canal jusqu'à l'embouchure où il rejoint deux autres canaux et reçoit l'eau de la Garonne. Sur un pont, à côté même de l'embouchure, se trouve un groupe représentant un Génie attirant à lui les attributs de l'Agriculture et du Commerce, qui sont à ses pieds.

A deux heures, nous nous embarquions, et à huit heures nous descendions sur la route, à un hôtel de maigre apparence, mais très propre et bien servi.

Agen, lundi 6 juin 1785.

A trois heures et demie du matin, nous poursuivions notre voyage. A onze heures, nous nous arrêtions, mais sans débarquer, préférant manger notre dîner dans notre chaise, embarquée en même temps que nous sur le bateau. A une heure, on repartit pour arriver à Agen, sur la Garonne, au milieu d'une belle et vaste plaine, bordée d'un côté par une chaîne de montagnes couvertes de bois, d'habitations variées et de terrains cultivés. Sur le versant d'une de ces montagnes, j'aperçus l'Hermitage, couvent taillé dans le roc, habité par six Bénédictins seulement. Leurs servitudes sont grandes et commodes; au-dessus et au-dessous du couvent, de superbes jardins remplis des meilleurs fruits et des fleurs les plus choisies; de la terrasse, on jouit d'une vue admirable. Le lendemain de notre arrivée, M. Cradock y fut invité à déjeuner, et il me dit n'avoir jamais bu d'aussi bons vins.

Agen était autrefois une ville fortifiée; aujourd'hui, ses murs s'effondrent. Rien de plus charmant que la promenade publique à l'extérieur de la ville; elle est formée de trois avenues d'ormeaux superbes. La plaine d'Agen et ses environs sont d'une extrême fertilité, et la rivière très poissonneuse.

La foire annuelle commençait aujourd'hui; on y vient non seulement de toutes les parties de la France, mais aussi des pays étrangers. Là, sont réunis tous les genres de commerce, mais surtout celui des chevaux andalous et de bœufs blancs superbes. La foire dure quinze jours, pendant lesquels on autorise en plein air les spectacles, les divertissements, les danses, etc. Elle s'ouvre par une grande procession de la magistrature, qui *proclame la foire*; malheureusement, cette cérémonie avait eu lieu la veille de notre arrivée. Mais nous pûmes jouir de la gaieté et de l'entrain de ces milliers de gens accourus de toutes parts. Les uns chantaient, les autres s'amusaient à différents jeux; sous les arbres s'étaient réunis les danseurs. Parmi ces derniers, un couple, dansant une allemande, attira notre attention. L'homme s'en tirait fort bien; quant à sa partenaire, elle se trémoussait et se donnait beaucoup de peine; mais, n'étant ni jeune, ni légère (qualité essentielle pour cette danse), un éléphant s'en fût aussi bien acquitté.

Nous ne nous rendîmes qu'à huit heures passées à notre hôtel, au *Petit-Saint-Jean*, où nous avions commandé notre souper. On avait d'abord refusé de nous recevoir; mais les 9 livres que nous offrîmes levèrent les obstacles, et par faveur on nous accorda une seule chambre à deux lits pour y manger et y coucher. Encore n'avait-on cédé à nos instances que, parce que, voyageant avec notre chaise à bord sur le même bateau que nous, on nous avait pris pour des gens d'importance. Quant à nos domestiques, aucune place pour eux, ni à l'hôtel, ni en ville. Nous envoyâmes donc James coucher sur le bateau, et nos deux lits furent occupés l'un par M. Cradock, l'autre par moi et ma femme de chambre. Notre souper fut excellent : des fricassées, des rôtis, des ortolans dont, d'ailleurs, j'avais aperçu une grande provision à la cuisine; des gâteaux, du dessert et du vin délicieux. Enfin, vers dix heures, nous nous retirâmes pour prendre du repos, mais j'en jouis peu. Ma femme de chambre commença à être malade, et aussitôt qu'elle parut plus calme et que je pensai pouvoir m'endormir, les punaises m'en empêchèrent.

Agen, mardi 7 juin 1785.

Levés à six heures. M. Cradock déjeûna à l'Hermitage. A son retour, nous nous promenâmes de nouveau à la foire. On y débite des marchandises à tous les prix, depuis les plus élevés jusqu'aux moindres. Les chiffons et autres vieilleries entassées sous les hangars se vendent par lots. On réserve aux objets de valeur, exposés avec beaucoup de goût, les boutiques et les tentes dans les rues et sous les arbres. Le bétail, en nombre considérable, est parqué çà et là. De magnifiques bœufs blancs attirèrent mon attention; ils se laissaient approcher et caresser: je demandai à la femme qui les gardait combien elle en vendait une paire; mais, à ma question, elle me répondit qu'elle savait bien que je n'avais pas l'intention d'acheter, et qu'il était inutile de me fixer un prix. Rebutée par cette bonne femme, je me mis en quête de quelque objet plus à mon usage. Je m'arrêtai à trois petites bagues que je voulus emporter comme curiosité; on m'en demanda 3 sous (1 sou pièce); quelques minutes après, je vis des femmes acheter les mêmes bagues, qu'elles ne payèrent qu'un liard. Ceci nous prouva de quelle façon on exploite les étrangers, et surtout les Anglais. Nous étant bien amusés pendant une heure, nous retournâmes à notre bateau et mîmes à la voile à dix heures.

En entrant dans la chaise, je trouvai une petite provision d'ortolans rôtis, et j'avoue que je fus très sensible à cette attention de M. Cradock. A cinq heures, nous débarquions prendre quelques rafraîchissements. Nos bateliers, par suite des vents contraires, ayant travaillé dur toute la journée, M. Cradock les en récompensa en leur donnant du vin, y ajoutant un peu de viande froide qui, par chance, se trouvait là. Leur reconnaissance fut si vive que je crois, en vérité, qu'ils eussent, à partir de ce moment, risqué leur vie pour sauver la nôtre. Nous repartions une demi-heure plus tard, et à neuf heures passées arrivions à une auberge où la nourriture était couci-couci, les chambres et les lits dégoûtants. Je me couchai *sur* et non *dans* le lit, d'où me chassèrent les puces et les punaises, et passai le reste de ma nuit sur deux chaises.

Langon-Rions-Bordeaux, mercredi 8 juin 1785.

Embarqués à trois heures et demie, arrivés à midi à Langon où nous débarquâmes et dinâmes à « l'Hôtel des Princes », bon hôtel, fort propre, bien tenu, ressemblant à une auberge anglaise. Nourriture et vin excellents. Nous mettions de nouveau à la voile à trois heures, et arrivions à Rions où nous étions obligés d'attendre la marée.

Nous promenant aux alentours, nous entrâmes dans une grande ferme que nous avions prise au premier abord pour une auberge. Les braves gens à qui elle appartenait nous engagèrent à nous reposer, et avec la plus gracieuse hospitalité nous offrirent de leur meilleur vin, du bon pain bis et des cerises. La femme nous dit être heureuse de nous savoir Anglais ; elle-même nous raconta avoir été une fois à Londres conduire son fils à son départ pour l'Amérique, et, ce soir même, elle attendait ce fils qui devait venir passer quelques jours avec eux. Alors commença pour nous une scène toute nouvelle : le souper des laboureurs. Dans un grand panier plat, on coupa par morceaux un gros pain bis, on remplit de cerises un autre panier qu'on porta dans la cour où se trouvaient les six hommes rentrant de leur travail. On ajouta pour chacun une pinte de vin rafraîchi d'avance dans des seaux d'eau froide. Cette distribution de vivres se terminait à peine, lorsqu'accourut la fille du fermier annonçant joyeusement à sa mère que le bateau ramenant son frère était en vue. Un quart d'heure après, arrivait le fils, un beau jeune homme de dix-huit ans. Les mots ne peuvent exprimer le bonheur de cette famille, mon cœur s'en épanouissait ; jamais je ne l'oublierai.

Nous visitâmes ensuite la ville qui n'a rien de curieux. En dehors des murs (car cette place semble avoir été autrefois fortifiée), on a une jolie vue sur le pays et sur la Garonne, à cet endroit où, pour la première fois, se fait sentir la marée.

Vers huit heures, selon le désir de nos aimables fermiers, nous retournâmes chez eux ; on nous reçut dans la salle où nous rencontrâmes les voisins venus en grand nombre. Parmi eux, je remarquai une belle et grande fille à l'air très jeune, et qu'à ma stupéfaction on me dit être mariée depuis trois ans. C'était une autre fille du fermier. Ma toilette (j'avais mon habit d'amazone) fut l'objet des observations d'une des voisines qui me demanda même si je portais en dessous des jupons. Je crois réellement qu'elle eût voulu pousser la curiosité jusqu'à me faire déshabiller, afin d'être plus sûre de son fait. Elle me questionna avec détails sur nos voyages, trouvant surprenant que nous eussions été si loin, et ajoutant que nous devions être très riches pour avoir ainsi traversé la mer, afin de venir visiter leur pays. On lui avait assuré, continua-t-elle, que Londres était plus beau que Paris. Je lui répondis de mon mieux en français ce que je pensais de la France. Mon appréciation ravit si bien la vieille dame qu'elle m'embrassa et me dit que certainement je devais être une bien bonne femme. Sur ce, elle remercia son voisin de lui avoir procuré l'occasion de voir des Anglais, car, ajouta-t-elle, je n'avais jamais vu d'étrangers auparavant. Les flatteries fleurissent quelquefois agréablement le sentier de la vie, et, comme telles, j'acceptai les compliments de la bonne dame.

Vers neuf heures, le patron du bateau nous fit avertir qu'il était temps de profiter de la marée. Nos aimables hôtes nous pressèrent de rester encore chez eux cette nuit et de reprendre un autre bateau le lendemain ; mais nous refusâmes, et, après les avoir bien remerciés, nous prîmes congé de cette famille hospitalière. Ils ne voulurent rien accepter, nous donnâmes seulement 3 livres à la servante qui parut très contente. Notre navigation fut délicieuse : cette nuit de juin, calme et chaude, ressemblant à un jour sans fin, éclairait d'une douce lueur la rivière, et nous enveloppait d'un charme doux et tranquille. Peu à peu le sommeil me gagna ; je ne me réveillai que le lendemain matin, à quatre heures, au moment où nous entrions dans le port de Bordeaux.

Bordeaux, jeudi 9 juin 1785.

Aussitôt abordés, M. Cradock, me laissant avec ma femme de chambre, descendit retenir des appartements à l'hôtel « d'Angleterre », et revint à sept heures. Il est d'usage, pour les passagers, à l'arrivée d'un bateau, de donner à boire aux matelots ; mais pas un n'osa réclamer, vu la précédente générosité de M. Cradock, qui, de son côté, ne voulut pas être en reste et leur distribua encore une petite gratification. Ce fut alors une explosion de remerciements sans fin : « jamais ils n'avaient rencontré un Monsieur aussi généreux ; ils eussent voulu faire le tour du monde avec lui, etc., etc. » Je crois que, pour un peu, ils eussent placé la couronne sur sa tête. Enfin, nous nous séparâmes de nos amis si expansifs, et nous nous rendîmes à l'hôtel où nous pûmes enfin avoir du thé, chose dont nous avions été privés tout le temps de notre voyage.

L'hôtel d'Angleterre est nouvellement construit. De nos fenêtres nous planions sur le cours bordé d'une rangée de maisons blanches à balcons et au bout duquel s'élève le théâtre.

Aussitôt déjeuner, nous allions au jardin public, à côté de notre hôtel. Bien planté d'arbres et tracé en avenues droites, il ressemble un peu aux Thuilleries, mais à beaucoup près n'est pas si bien tenu. A onze heures, nous étions de retour et dînions à trois. A sept, nous allions nous asseoir sur le port d'où la vue est merveilleuse ; il est de mode de venir y assister à la rentrée des bateaux, on y paie un sou la chaise.

A huit heures, nous traversions le port, bien autrement grand que celui de Marseille. Après nous être promenés et avoir admiré le coup d'œil, nous revenions dans un grand bateau à voile qui filait avec la vitesse d'un oiseau. Enfin, nous nous couchions à dix heures, et, pour la première fois depuis février, je ne fus pas inquiétée par les punaises.

Vendredi 10 juin 1785.

Levée à six heures, j'allai me promener jusqu'à huit. Après déjeuner, nous nous faisions conduire en fiacre au palais Galien, maintenant en ruines ; cependant la porte de l'Est atteste encore la première magnificence de ce monument. Sur les restes des anciens murs extérieurs, on a élevé de petites maisons et divisé l'arène en une quantité égale de petits jardinets. Le style de cet amphithéâtre diffère complètement de celui de Nîmes : le premier construit en briques, le second en pierres de taille.

De là, nous allâmes à la cathédrale, très vieille église, qui a dû être fort belle, à en juger par quelques détails de l'extérieur, mais très abîmée par le temps et surtout très négligée[1]. Elle est dédiée à saint André. A l'extrémité ouest se trouvent deux hautes flèches, dont l'une a été brisée il y a quelques années par la foudre et qui n'a jamais été réparée.

Les bas-reliefs, mélanges bizarres de paganisme et de christianisme, sont décrits ainsi dans notre guide : « Jésus-Christ s'élève de son tombeau porté par un aigle, de la même manière que les payens représentent Jupiter apparaissant dans toute sa puissance. Tête de Méduse; un phénix, sur un bûcher, qui paraît renaître de ses cendres. — Jésus-Christ sous la figure d'Hercule. Caron et sa barque sont de l'autre côté du fleuve. — Le bas-relief à gauche représente la Résurrection. »

Le chœur est décoré de trois grands tableaux : on y distingue le martyre de saint André qui est au-dessus de la porte de la nef et que l'on attribue à Sébastien Bourdon, en 1642 ; les autres représentent l'un Jésus-Christ portant sa croix, et

---

[1] Elle s'écroula en partie en 1820 et fut relevée et entièrement réparée quelques années après par les soins de l'architecte Poitevin.

l'autre, Jésus devant Pilate. Ils sont dans la manière de Michel-Ange. La grille séparant le chœur est en cuivre admirablement travaillé.

Près de la cathédrale, nous visitâmes l'archevêché, nouvellement reconstruit, fort élégant et surchargé d'ornements. Ce palais, situé au couchant de la cathédrale, doit sa réédification au prince Ferdinand de Rohan qui occupait le siège de Bordeaux. Il a été commencé sur les dessins de M. Étienne, architect célèbre, et fini par M. Boufin, architecte de la ville. Les jardins sont ouverts au public à certaines heures de la journée.

Nous nous fîmes ensuite arrêter à la porte d'un libraire. Là, abandonnant notre cocher, par parenthèse fort impoli, nous continuâmes à pied jusqu'à la Chambre du Commerce. Ce bâtiment occupe trois côtés d'une place ; les affaires s'y traitent aux étages supérieurs. On a permis d'établir au dessous des étalages de jouets, de bijoux, d'étoffes, etc., etc. La vente du poisson et de la viande y est défendue. Nous y achetâmes, et payâmes assez cher, un plan de la ville et du papier à lettres. Puis, nous passâmes, enfin, au Marché-Royal, proprement tenu, car, à l'heure de la fermeture, on lave les planches servant à étaler la viande et le poisson, et on balaie tous les débris. C'est une excellente habitude que je n'avais remarquée nulle part.

Nous visitâmes ensuite l'Hôtel de ville : il n'a rien de curieux.

Vers huit heures, nous eûmes la fantaisie d'entreprendre une petite promenade en bateau, en dehors du port ; mais les bateliers nous demandèrent un prix si exorbitant que nous y renonçâmes.

Dimanche 12 juin 1785.

Assisté dans la soirée à la représentation de *Blaise et Babet*. L'extérieur du théâtre est élégant, mais l'intérieur, quoique grandiose, me parut assez lourd. L'orchestre est trop petit pour une si vaste salle. On entre dans un grand vestibule soutenu par de gros piliers ; à droite, une salle de bal ; à gauche, une salle de concert ; en face, quelques marches se séparant au premier étage en deux escaliers : l'un mène aux premières loges ; l'autre aux deuxièmes. De chaque côté de l'amphithéâtre, deux loges sont réservées aux dames d'un certain monde qui ont toute liberté de s'y faire remarquer et ne s'en privent guère. Les acteurs étaient très mauvais. Le spectacle terminé, nous nous promenions pendant une heure au jardin public.

Dimanche 19 juin 1785

A onze heures, j'assistai à un service protestant célébré dans la plus grande intimité, car ici il n'y a pas le moindre lieu de réunion destiné spécialement à ce culte. Bordeaux a, d'ailleurs, la réputation d'une ville à la fois corrompue et irréligieuse. Vers six heures, étant sur le quai, nous prîmes un bateau qui nous amena à un endroit où le peuple va s'amuser le dimanche : on y boit, on y chante, on y joue aux cartes. Nous revînmes, après être restés quelque temps à observer les uns et les autres. Avant de rentrer, nous nous arrêtâmes dans une baraque : on y montrait en figures de cire la *Scène de Judith et d'Holopherne*. Judith tient dans sa main la tête du général Assyrien, dont le corps repose sur un lit. Une Égyptienne est debout à côté. Toutes ces figures, faites de façon à s'ouvrir, laissent voir à l'intérieur la structure du corps humain. Passant auprès du café du Théâtre, nous avons aperçu un prêtre jouant aux dominos avec plusieurs officiers. Cela nous a fort étonnés.

Mardi 21 juin 1785.

Assisté à l'opéra d'*Alceste*. Bien interprété ; salle comble, élégante et composée d'une société choisie.

Jeudi 23 juin 1785.

Aujourd'hui, veille de la Saint-Jean, grande fête populaire. Nous étions allés, vers huit heures du soir, nous promener aux Chartrons, lorsque, revenant à la tombée de la nuit, nous vîmes toute la ville illuminée de feux de joie. On emploie des barils goudronnés sur lesquels, aussitôt qu'on y a mis le feu, on fait un signe de croix ; les gens du peuple s'imaginent, par cette cérémonie, faire évanouir les sorciers de l'année qui vient de s'écouler. La flamme des feux éclairant l'eau de leurs lueurs au milieu des navires, tandis que la lune, large et brillante, montait à l'horizon, nous offrait un spectacle rare et splendide. Les coups de fusils répondaient au canon ; partout des fusées, des pétards, de la musique ; c'était une joie universelle qui se prolongea si bien, que, trouvant inutile de chercher à dormir, je me résignai à entendre le tapage une partie de la nuit et ne me couchai qu'à une heure du matin.

Vendredi 24 juin 1785.

Les tambours, les fusils, la musique annoncèrent la Saint-Jean. Bientôt les quais, les rues, les promenades s'emplirent d'une foule en habits de fête, tous, même les mendiants, un bouquet ou des fleurs à la main; quelques-uns, des croix en feuillages : on les fait bénir et on les emporte pour les garder chez soi, ou les suspendre à la porte de sa maison. C'est un talisman, dit-on, contre les démons. Une partie de la fête se passa sous nos fenêtres. Au bruit des instruments, on dansait, on s'amusait à des jeux divers.

Vers six heures arriva un détachement de soldats sans armes, tambours en tête et drapeaux flottants, accompagnés de leur colonel et de quelques officiers. Deux fois, ils firent le tour du cours au pas gymnastique ; à la seconde fois, sur un signe du colonel qui leva la main, ils s'arrêtèrent et, jetant bas leurs tricornes et leurs habits, exécutèrent des jeux et des exercices militaires où les plus adroits gagnaient des prix. Ces divertissements enthousiasmaient la foule qui poussait des cris de joie et applaudissait à tout rompre chaque gagnant. A la fin, tous les vainqueurs, précédés de la musique, partirent en avant, suivis de leurs concurrents moins heureux; mais tous devaient partager un bon repas offert aux frais du colonel. Je vis rarement scène plus gaie de joie populaire.

Samedi 25 juin 1785.

Journée terriblement chaude. Nous ne pûmes sortir que vers le soir nous promener sur le délicieux quai des Chartrons, d'où nous ne revînmes qu'à minuit, afin de jouir un peu de la fraîcheur.

Dimanche 26 juin 1785.

A dix heures du soir, nous allions au petit théâtre. Très petit en effet et très sale; cependant pas une place vide, une fameuse danseuse de Parme devant paraître sur la scène. On jouait *le Tableau parlant*, pièce assez médiocre en elle-même [1] et misérablement interprétée par des enfants. On ne commença guère avant onze heures, aussi n'eût été notre désir de voir cette artiste dont tout le monde parlait, nous ne fussions pas restés longtemps dans ce théâtre où nous nous promîmes de ne plus revenir, d'autant plus que la tenue de

---

[1] Il ne peut être question ici du *Tableau parlant*, opéra de Grétry, qui est un chef-d'œuvre, mais bien d'une pièce arrangée pour être jouée par des enfants.

certaines dames offusquait la bonne société présente. La danseuse eut beaucoup de succès, car, malgré sa profession, elle a l'air modeste et reçoit les applaudissements avec une grâce qui gagne la sympathie des spectateurs. Cette représentation ne se termina pas avant minuit et demi.

Jeudi 28 juin 1785.

Après déjeuner, nous allions voir le clocher de Pey-Berland. La tour de Pey-Berland, fort ancienne et très élevée, est construite dans le style gothique : elle a dû être remarquable ; d'après sa proximité de la cathédrale, on croit qu'elle en faisait autrefois partie [1]. Du sommet, on doit avoir un beau coup d'œil ; mais le clocher est dans un tel état de délabrement, que nous ne crûmes pas prudent de nous y aventurer. — Nous continuâmes notre tournée par la porte Basse, une des portes de la ville datant du règne d'Auguste. Construite en grosses pierres posées les unes sur les autres sans aucun ciment, elle est cependant si solide qu'elle a résisté à trois sièges, et peut encore durer des centaines d'années. On a bâti des maisons sur les fondations des murs qui l'encadraient autrefois de chaque côté.

De là, passant au milieu de la ville, nous fûmes

---

[1] En 1793, on essaya vainement de l'abattre.

à la porte de Bourgogne, et arrivâmes au quai où nous prîmes un bateau pour nous conduire aux Chartrons.

Au retour, surpris par une averse accompagnée d'une forte rafale, et n'ayant comme rameurs que deux jeunes garçons, nous préférâmes aborder et nous réfugier, en attendant la fin de l'orage, dans un magasin où j'achetai de la mousseline. L'orage passé, nous retournâmes à pied chez nous, car impossible de trouver un seul fiacre. Le soir, illuminations par toute la ville à cause de la fête de demain : la Saint-Pierre.

Samedi 2 juillet 1785.

Après déjeuner, M. Cradock se rendit au couvent des Chartreux. On lui montra fort obligeamment le trésor, la chapelle et l'intérieur du couvent. L'Ordre des Chartreux est très sévère : les moines ne peuvent parler qu'avec la permission de leur Supérieur ; chaque jour, on en désigne un pour acheter les provisions, et il a alors la parole pour toute la journée; cependant, en cas d'urgence, les autres obtiennent aussi de sortir. Le parleur dit à M. Cradock que leur vie, pour être assurée, n'en est pas moins très austère ; mais qu'ils subissaient toutes les rigueurs du cloître par amour de Dieu et pour gagner le ciel. Il ajouta que l'Ordre est extrêmement riche, et que les meilleurs vignobles des alentours leur appartiennent. Ces religieux retirés du monde furent très curieux d'apprendre les nouvelles du dehors, et enchantés de celles que leur donna M. Cradock.

Dimanche 3 juillet 1785.

A deux heures, nous nous fîmes conduire en voiture à deux lieues environ de Bordeaux pour visiter une maison appartenant à M. Rabi, marchand juif extrêmement riche. Cette maison et le jardin qui l'entoure sont absurdes. La construction et l'entretien de l'un et de l'autre ont dû et doivent encore coûter des sommes énormes. Je ne puis passer sous silence le jardin, car il est plus qu'original. Placé derrière la maison, c'est un morceau de terrain entouré d'une étroite plate-bande garnie d'à peu près deux cents pots à fleurs bleus et blancs juchés sur des roues. Au milieu, représentant sans doute les Tables de la loi, du buis, coupé excessivement ras, figure un rouleau de papier écrit ; les interstices sont remplis de sables de différentes couleurs de façon à imiter des broderies. Comme il est impossible de mettre ce terrain à l'abri, il faut le réparer chaque fois qu'il pleut. Il est difficile de comprendre qu'on s'extasie sur cette folie et qu'on déclare que c'est magnifique ! — Nous eûmes bientôt assez de ce chef-d'œuvre de mauvais goût, et, continuant notre promenade, on nous arrêta à un ancien collège des Jésuites, dont il ne subsiste qu'une partie servant maintenant de cabaret, et placé à côté d'un bois qui nous a rappelé le bois de Boulogne à Paris. Revenus à sept heures prendre le thé.

Mardi 5 juillet 1785.

Accompagnés de M. Jacob comme guide, nous partions à neuf heures en bateau pour Lormont, petit village situé au bord de la Garonne et près duquel se trouve un rocher où l'on va admirer un panorama splendide. Le temps était ravissant : après avoir navigué l'espace d'une lieue, nous descendîmes à terre, et en attendant l'heure de la marée, nous nous promenâmes d'abord dans un jardin particulier; puis, suivant le cours de la rivière, nous avisâmes un endroit charmant où nous nous assîmes pendant une heure ; enfin, nous retournâmes au bateau pour arriver à deux heures à Lormont où nous dînâmes à un petit cabaret avec les provisions que nous avions emportées, et auxquelles on ajouta des œufs et du lard. Tout était simple, mais propre. Après dîner, traversant un joli bois et des vignes, nous montions au roc à côté de la rivière. Un M. Black a bâti là une maison et tracé dans la colline boisée des avenues sauvages et délicieuses. De là, en effet, nous eûmes une vue de toute beauté. Devant soi, la Garonne ondoie pendant plusieurs milles à travers un pays fertile et riant; elle est si large dans cette partie de son cours que les centaines de navires à l'ancre semblaient de loin une couvée de canards sur l'eau. A gauche Bordeaux, à droite le port du Bec d'Ambez où la rivière se divise, et au-delà de laquelle on distingue Bourg et Blaye. Le roc lui-même, couvert de bois, ajoute au charme de ce paysage dont aucune description ne peut donner l'idée.

Nous quittions ce lieu enchanteur à cinq heures et demie, et nous nous rembarquions; mais notre équipage s'était augmenté de deux prêtres venus, comme nous, en excursion au roc : ils apprirent que nous avions loué notre bateau pour la journée, et nous demandèrent de vouloir bien les ramener en ville, ce à quoi nous acquiesçâmes avec plaisir. La marée nous étant favorable, nous revînmes promptement et, avant six heures, nous étions à l'hôtel.

Mercredi 6 juillet 1785.

De nos fenêtres, nous assistâmes aujourd'hui à une grande revue, rehaussée par la présence du duc et de la duchesse de Mouchy ¹, chacun dans leur carrosse de gala. Plusieurs milliers de spectateurs se pressaient autour du champ de manœuvres et suivaient avec intérêt tous les mouvements de la troupe.

Mardi 12 juillet 1785.

J'ai lu, écrit, travaillé et joué avec les chats toute la journée, n'osant affronter la chaleur du dehors.

Mercredi 13 juillet 1785.

Encore une température très élevée. Vers huit heures du soir, M. Cradock me proposa d'assister au concert qui se donnait à dix heures à la salle du spectacle au bénéfice du signor Lolli, violoniste. Nous y étions à neuf heures et demie et fûmes assez bien placés. Le duc et la duchesse de Mouchy étaient présents, assis sous un dais qui leur est spécialement réservé, car le duc, gouverneur de la Guyenne, et la duchesse sont traités ici à l'égal du roi et de la reine, et reçoivent naturellement partout les honneurs dus à leur rang. De très haute noblesse, ils ne sont jeunes ni l'un ni l'autre. Leur

---

¹ Exécutés le 27 juin 1794.

toilette, simple et de bon gout, n'en excluait pas la richesse ; ils étaient couverts de bijoux magnifiques. La haute société s'était donné rendez-vous à ce concert qui, par lui-même, fut des plus ordinaires. Tous les artistes, à l'exception du signor Lolli, se montrèrent assez médiocres ; mais celui-ci eut un vrai succès bien mérité. Il se distingua surtout dans un grand duo où, à certains passages, chacun retenait sa respiration de peur de perdre une seule note, et où les musiciens eux-mêmes partagèrent les applaudissements de la salle entière. Malgré l'énorme affluence du public, la sortie se fit sans embarras ; nous étions de retour à une heure pour souper.

Mardi 26 juillet 1785.

Après dîner, M. Cradock se rendit au couvent des Franciscains, vaste établissement entouré de trois beaux jardins bien cultivés. Les Franciscains appartiennent aux Ordres mendiants ; nous en avons souvent vus à l'hôtel venir demander l'aumône. Dans ces circonstances, M. Cradock n'a jamais manqué de mettre un sou ou deux dans la bourse ; aussi, au moment où il terminait sa visite au couvent, voulut-il faire une petite offrande ; mais là, ils refusèrent. Temps orageux et accablant.

Jeudi 28 juillet 1785.

A cause de la chaleur, nous ne sommes sortis que dans la soirée. Rentrés à dix heures et demie, nous avons eu pour souper des sardines, petit poisson que je ne connaissais pas et qui est particulier aux côtes de l'Océan. Il faut le manger sortant de la mer, car il est si délicat qu'il n'est pas aisément transportable : on le sert aux repas, mais bien souvent avant le dîner, pour donner de l'appétit, et dans l'un et l'autre cas il est d'usage ici de toujours prendre un peu d'eau-de-vie après ; c'est sans doute nécessaire. Pour moi, je ne le fis pas ; et trouvai d'ailleurs ce poisson assez fade.

Vendredi 29 juillet 1785.

Été, après déjeuner, jusqu'à la fontaine *Figuereau*, du nom de celui qui en a doté la ville. On vient de tous côtés y puiser. L'eau en est claire et douce, tandis que celle des autres fontaines publiques est très dure. La source est fort abondante, et c'est aux cinq orifices qui coulent incessamment que la plupart des porteurs d'eau, quelquefois au nombre de deux cents, viennent remplir leurs tonneaux et leurs seaux servant à transporter l'eau dans les maisons particulières.

De là, nous allâmes à un jardin potager près de la ville ; il contient beaucoup d'arbres fruitiers, mais tout cela est négligé, comme d'ailleurs la propriété entière, qui est grande : il y a cependant un puits, et elle pourrait, si elle était bien cultivée, devenir d'un bon rapport.

Revenus par le jardin public, nous y rencontrâmes M. X... La conversation s'étant engagée sur le spectacle de la veille, M. Cradock lui demanda s'il en avait été satisfait : « Oh ! certainement, Monsieur, lui répliqua M. X..., car le théâtre était bondé ! » D'après cette réponse, nous conclûmes que M. X... jugeait une pièce d'après le nombre des spectateurs qui y assistent.

Samedi 30 juillet 1785.

Montés vers sept heures du soir au château Trompette, autrefois fortifié, et servant de défense à la ville. Une petite garnison l'occupe encore ; mais, depuis l'agrandissement de Bordeaux, il a cessé d'être une place de guerre ; on doit même le démolir prochainement, et sur son emplacement y tracer treize nouvelles rues en honneur des treize États-Unis d'Amérique [1]. De là, nous fûmes au quai ;

[1] C'est M. Mangin de Montmirail qui conçut le projet de transformer l'emplacement du château Trompette en une place qui devait être la plus belle du monde ; mais, à la suite de tracasse-

puis, nous nous arrêtâmes en route, sur la place Royale, regarder quelques instants un petit théâtre de marionnettes. Nous étions de retour à dix heures et demie.

Dimanche 31 juillet et lundi 1ᵉʳ août 1785.

La chaleur est tellement accablante qu'on ne peut ni sortir, ni se reposer, ni dormir. Un mouton tué à minuit n'a pu être utilisé le lendemain matin.

Mardi 2 août 1785.

Nous étions au jardin vers six heures, cherchant, sinon la fraîcheur, au moins à changer d'air, lorsque quelques gouttes de pluie commencèrent à tomber; bientôt les éclairs se succédèrent sans interruption, et le tonnerre gronda dans le lointain. Un quart d'heure après, survenait un orage épouvantable accompagné de tonnerre, d'éclairs, de grêle, de pluie et d'un vent violent. On fut obligé d'ouvrir toutes les fenêtres, de peur que les grê-

---

ries, de retards et de chicanes en tous genres, il se trouva ruiné de fond en comble, avant qu'on eût détaché une pierre du château Trompette. (V. les détails de cette malheureuse entreprise p. 119, 120 et 121 des *Mémoires du Général Baron Thiébault.*) Remise plusieurs fois, la démolition du château Trompette ne fut définitivement opérée qu'en 1818.

lons, gros comme des noyaux de pêches, ne cassassent les vitres ; l'air embrasé ressemblait par instants à une nappe de feu bleuâtre; la pluie, tombant en torrents, traversait la maison comme par un canal, et bientôt la route devant notre hôtel se transforma en rivière. Au bout d'une demi-heure, l'orage s'apaisa; nous pûmes constater que l'hôtel n'avait pas été endommagé, mais plusieurs maisons, dont les fenêtres étaient fermées, eurent toutes leurs vitres brisées; chez un M. S..., il y en eut jusqu'à quatre cents. Les gens les plus âgés ne se souviennent pas d'avoir assisté, à Bordeaux, à un pareil orage, et pour ma part je n'en vis jamais d'aussi effrayant. Jusqu'à quatre heures du matin, il continua à tonner et à éclairer ; cependant la chaleur n'en demeura pas moins étouffante.

Jeudi 4 août 1785.

Dans la matinée, je fis mes préparatifs de départ, car nous quittons Bordeaux demain. Vers neuf heures du soir, après nous être promenés, nous sommes rentrés souper, avons payé notre compte d'hôtel, et nous sommes retirés à onze heures.

Bordeaux-Saint-Genis, vendredi 5 août 1785.

Levés avant cinq heures, nous prenions notre café et quittions, à cinq heures et demie, cet excellent hôtel, emportant avec nous les regrets des maîtres et des serviteurs désolés que notre séjour ne se prolongeât pas davantage. Une voiture nous conduisit jusqu'au bateau à destination de Blaye, et sur lequel était déjà notre chaise de poste qui devait nous servir de cabine, vu le nombre des passagers.

Partis à six heures et demie, avec un bon vent, nous arrivions à dix heures à Blaye, où nous commandions notre dîner au « Grand-Saint-Louis », et allions ensuite jusqu'à la citadelle, sur un roc au bord de la Gironde, très large à cet endroit. Cette citadelle, gardée par un détachement de soldats, est défendue, du côté de la terre, par un double fossé garni de canons. Dans l'enceinte des murs s'est élevée comme une toute petite ville où l'on trouve des magasins de tous genres. Il y a deux moulins à vent et un bon puits dont l'eau est très fraîche. La sentinelle nous prévint qu'arrivés en haut nous ne devions pas nous tenir au centre, ce qui nous fit supposer qu'on y gardait les munitions. De là, on découvre une vue admirable. La ville de Blaye n'a rien d'autre de remarquable, sinon qu'on ne rencontre aucun mendiant, ce que j'attribuai à l'absence de couvents où les pauvres sont généralement secourus.

Vers deux heures, nous étions de retour à notre auberge : l'on nous y servit un excellent dîner dans une salle très modeste ; de plus, une fois notre note acquittée, le maître de l'auberge et sa femme nous pressèrent d'accepter des pêches magnifiques pour nous rafraîchir durant notre voyage.

Abandonnant le bateau, nous montions à trois heures passées dans notre chaise de poste et, par une route pavée, ce qui la rend très dure, nous traversions un pays riche, mais peu pittoresque, pour arriver à Etolier où nous changions de chevaux. — Au relai suivant (Saint-Aubin), la route prend complètement un autre aspect : plus de pavé, mais un sable noir trace la ligne des voitures au milieu de terrains incultes où ne croissent que de petites fougères. En continuant, le chemin devient montueux et tout à fait mauvais, par suite de quartiers de rochers ou de fondrières à éviter. Notre conducteur, très négligent et entêté, nous fit passer, malgré les avertissements des gens du pays, sur un pont absolument vermoulu et dangereux. Il ne nous arriva pas d'accident, mais j'eus une frayeur terrible.

A Mirambeau nous ne nous reposâmes que peu

de temps, car il est impossible d'y trouver à coucher. On nous assura que la route menant à Saint-Genis était bonne ; aussi, quoiqu'il fût déjà huit heures, nous préférâmes poursuivre notre voyage. Ce fut d'ailleurs une bonne aubaine pour un pauvre homme allant de notre côté et qui nous demanda la permission de monter sur le siège. En effet, la route était excellente, notre nouveau conducteur très attentif, et nous arrivâmes à dix heures et demie à la « Croix-Blanche », à Saint-Genis. Tout le monde dormait ; mais on se leva, on nous prépara un bon souper et nous gagnâmes nos lits.

Saint-Genis-Saintes, samedi 6 août 1785.

Ayant passé une très mauvaise nuit, M. Cradock me proposa de nous arrêter pendant la journée à Saint-Genis ; mais, après mon déjeuner, je me sentis mieux et préférai poursuivre notre chemin. Ayant donc payé notre compte, fort modéré d'ailleurs, nous remontâmes dans notre chaise. M. Cradock ordonna au conducteur d'aller doucement, et bientôt, remise par cette promenade en plein air, je ne me ressentis plus de mon indisposition de la nuit.

Peu après onze heures, nous arrivions à Pons.

où nous changions de chevaux. Pons était autrefois une grande ville ; elle fut détruite du temps des guerres civiles : ce n'est plus qu'un village situé sur une haute colline ; cependant des ruines, que l'on rencontre à tout moment, attestent son ancienne splendeur. Ses environs sont excessivement fertiles. Nous tombâmes en pleine foire. Celle-ci consiste surtout en vente de bétail, les autres marchandises ne constituent qu'un très petit marché où nous nous promenâmes, tandis qu'on attelait. J'achetai un mouchoir, et M. Cradock une paire de souliers de chamois.

Nous allâmes ensuite aux jardins du château servant maintenant de jardins publics. Ils sont sur une hauteur, bien entretenus, et ont conservé leur forme primitive : taillés à la française, ils ont de petits bassins, de petites allées droites bordées de petites plates-bandes ; mais, de chaque côté, il y a une magnifique allée couverte. Tout à l'entour, le paysage est charmant ; au pied du rocher coule un ruisseau disparaissant de temps à autre au milieu des broussailles. Ce qui reste du château est devenu une maison d'habitation ; une ancienne grande tour carrée contiguë, sert actuellement de prison. Quittant Pons, nous relayâmes encore à Jard, et atteignîmes Saintes vers dix heures. Entre Pons et Saintes, les récoltes sont ordinairement abondantes ; mais la plupart seront perdues cette année à cause de la sécheresse : le maïs même a beaucoup souffert et ne rend que des épis maigres et desséchés.

Saintes, mieux que Pons, a conservé des restes d'anciens monuments. La cathédrale passe pour avoir été une des plus belles et des plus solidement bâties du royaume ; cependant on a été forcé de la réparer, et quelques parties seulement rappellent sa célébrité d'autrefois. De là, nous suivîmes une promenade nouvellement tracée, longeant la Charente qui enserre la ville en forme de fer à cheval ; de l'autre côté de la rivière se déroule une large plaine bordée de bois.

A trois heures, nous retournions à l'hôtel des « Trois-Princes », où nous avions commandé notre repas et des chambres. Après dîner, nous visitions les ruines d'un amphithéâtre (Saintes a été une colonie romaine), bâti dans une vallée près des murs de la ville. Les restes de cet amphithéâtre ne sont pas si bien conservés que ceux du palais Galien à Bordeaux ; presque toutes les arches sont remblayées, et de loin, on croit voir un pont écroulé. Il a été construit en pierres jointes par un ciment tellement résistant qu'il est plus impénétrable que les pierres elles-mêmes. Au milieu de ces ruines, on découvre une fontaine d'eau de source claire et limpide ; elle est abritée par une arche surmontée d'un crucifix : sur la pierre fermant la voûte est sculptée l'image de la Vierge Marie tenant entre ses bras l'Enfant-Jésus.

Puis, nous visitâmes l'église de Saint-Eutrope, devenue la chapelle des Bénédictins. Elle a dû être superbe, mais a subi le sort de la cathédrale ; nous descendîmes dans la crypte qui est remarquable ; on y accède par une double rangée de marches. Du côté droit de l'autel, sous un cintre, repose, nous dit-on, le corps du saint [1]. Remontant ensuite à l'église supérieure, on nous montra le buste de saint Eutrope contenant une relique du saint. Il est renfermé derrière une grille, et, assure-t-on, en pur argent ; les cheveux et la barbe sont dorés, ce qui produit un aspect bizarre ; la tête est ornée d'une couronne en verroteries, les épaules couvertes d'un surplis garni d'une vieille dentelle ; à la muraille sont suspendus des *ex-voto*. Revenus à l'hôtel à dix heures, nous nous reposâmes des fatigues de la journée.

Saintes-Rochefort, dimanche 8 août 1785.

A huit heures et demie nous quittions l'hôtel, assez satisfaits de la nourriture, des chambres et

---

[1] Il a été retrouvé en 1843.

de la propreté, pour nous diriger vers Rochefort. Le premier relai se fit à Saint-Porchaire, le second à Saint-Hippolite.

Le pays compris entre Saintes et la Charente, que nous traversâmes sur un grand bac plat, semble avoir été une continuité de bois et de forêts. Cependant, défriché en grande partie, il est maintenant cultivé.

La route est nouvelle et bonne, comme d'ailleurs la plupart des routes en France : elle est bordée de bois où des troupes d'oies, de dindons et de poules cherchent leur nourriture et animent le paysage.

En approchant de Rochefort, la scène change : les prairies et les champs de blé se déroulent à perte de vue ; bientôt on distingue les mâts des navires sur la rivière peu large, mais profonde à cet endroit, et qui dans ses détours disparaît complètement quelquefois, de sorte qu'on découvre les bâtiments à pleines voiles, sans voir l'eau qui les porte.

Rochefort étant une ville fortifiée, la sentinelle, avant de nous y laisser pénétrer, nous demanda qui nous étions, d'où nous venions et où nous allions. Après avoir satisfait à toutes ces questions, on nous permit d'entrer, et notre chaise nous arrêta à l'hôtel du « Grand-Bazar ». Vieux, petit et sale, c'est pourtant le meilleur d'ici ; il n'y a pas de chambres à un lit ; la maîtresse de l'hôtel parut très étonnée quand je lui en demandai, et me fit observer que nous étions quatre et qu'il se trouvait quatre lits dans la chambre nous servant de salle à manger. On finit pourtant par nous procurer deux chambres à deux lits : M. Cradock et son domestique en occupèrent une, j'occupai l'autre avec ma femme de chambre.

A trois heures, notre dîner terminé, nous voulûmes visiter le chantier de réparations des navires ; mais, arrivés à la porte, le gardien nous déclara que nous ne pouvions voir ni les magasins, ni les travaux, sans une permission du commandant; cependant nous étions libres, nous dit-il, de nous promener en l'attendant. Fort complaisamment il l'envoya chercher, et on la rapporta bientôt, en nous faisant observer que, généralement, on n'en donnait jamais le dimanche. Nous examinâmes tous les navires, visitâmes même une canonnière de soixante-dix canons qui a été fort endommagée lors de la dernière guerre et qui, malgré de grandes réparations, ne pourra désormais servir qu'aux transports des marchandises; sa mâture a été détruite, et on dirait actuellement une immense barque.

Dans ce chantier travaillent quatre cents galériens; leur heure de repos venait de finir : nous les vîmes s'avancer par compagnies de cinquante enchaînés deux à deux par la jambe et conduits par des soldats. Le cliquetis de leurs chaînes me fit frissonner de pitié, mais leur vue me rassura un peu, car ils semblaient moins malheureux que je ne me l'étais imaginé. On donne à chaque homme une pinte de vin par jour, et leur nourriture est suffisante; ils couchent deux à deux sur une paillasse, car on ne les déchaîne jamais, excepté en cas de maladie. On les loge dans un établissement à part; à ceux qui se conduisent bien, le Gouverneur permet de travailler dans des ateliers destinés aux différents corps de métiers; ils peuvent même aller, accompagnés d'un gardien, vendre leurs travaux en ville. Leur gain est pour eux; de cette façon quelques-uns s'amassent une somme assez ronde. Chaque galérien coûte au Roi, de nourriture et d'entretien, de 4 à 14 sous par jour.

Les différentes couleurs des vêtements (une large veste et un pantalon) désignent la nature des différents crimes; les voleurs sont en rouge, les faussaires en vert, les déserteurs en brun. Ceux condamnés à perpétuité portent un bonnet de la même couleur que leurs habits; ceux à terme ont un bonnet blanc. Par leur travail, on rend encore ces misérables utiles à la société. On les surveille très étroitement, le désir d'être libres poussant plusieurs à chercher à s'évader; mais, pour empêcher toute corruption de la part des gardiens, ceux-ci sont condamnés eux-mêmes aux travaux forcés à perpétuité s'ils laissent évader un prisonnier.

En sortant de ce triste lieu, nous donnâmes un coup d'œil au jardin public d'où se déroule la vue de la rivière. Je retournai alors à l'hôtel, tandis que M. Cradock se rendait à un café pour lire les nouvelles ; mais impossible de trouver un seul journal.

A six heures, nous allions au théâtre. Quoique petit, il n'est pas mal, et les acteurs sont suffisants. Je ne sais quel était le titre de la dernière pièce, mais le plus grand succès fut pour un des comédiens qui entre en scène monté sur un âne qu'on lui vole; la salle entière applaudit.

A sept heures, tout était terminé; nous retournions à l'hôtel où je demandai du thé : on me répondit qu'il n'y en avait pas dans la maison. Comme j'avais du thé, une théière et une bouillote, je priai qu'on m'apportât seulement des tasses, du lait et du sucre. La femme me regarda d'un air interdit, mais revint bientôt mettre une nappe, posa sur la table quatre énormes bols, quatre cuillers à soupe, un plat rempli de sucre et une vaste terrine pleine de lait. Je ne pus m'empêcher de rire à la vue de tous ces préparatifs : cependant notre thé n'en fut pas moins bon, et, après l'avoir pris, nous repartîmes.

Rochefort a été bâtie sous Louis XIV : ses rues larges, bien pavées, s'entre-croisent à angles droits. Les maisons ne répondent pas à ce plan ; construites par ceux qui doivent les habiter, elles sont fort irrégulières; il y en a peu de belles. D'après l'étendue de la ville, le nombre des habitants m'a paru assez restreint, car, bien que ce fût dimanche, il y avait peu de monde au théâtre et sur les promenades extérieures plantées de canons et ombragées de beaux arbres.

Lundi 8 août 1785.

Levés à six heures, nous faisions demander au commandant maritime l'autorisation de visiter le dépôt des approvisionnements de la Marine royale. Il nous fit répondre qu'à neuf heures il se mettrait à notre disposition, les étrangers n'étant admis qu'accompagnés par lui. Pendant notre déjeuner, deux galériens, sous la garde de soldats, vinrent nous offrir du coton à tricoter. Nous en achetâmes par pitié pour ces malheureux.

A neuf heures et demie arriva le commandant, respectable vieillard, très courtois. Un jeune Irlandais, qui se trouvait à notre hôtel, se joignit à nous. Nous allâmes d'abord aux chantiers où se construisent et se réparent les navires de guerre dans des bassins, soit à sec, soit remplis d'eau, disposés à la façon d'écluses, de sorte que, lorsqu'un navire est terminé, on peut le lancer dans le bassin même où il a été construit. Nous traversâmes ensuite une cour pleine de canons de cuivre ou de fer, et d'ancres de toutes dimensions : elle conduit à la corderie longue de 400 toises ; là se fabriquent tous les cordages : il y a des câbles d'une demi-aune de circonférence. Puis on nous mena dans un énorme bâtiment au bout duquel on a établi les forges servant à couler les boulets de canon, et où se travaillent tous les fers entrant dans la construction des navires. A l'opposé, on façonne les petites bombes en terre glaise pour les galiotes ; l'autre côté est réservé aux charpentiers. Nous fûmes aussi dans la boucherie et la boulangerie ; le pain sortait précisément du four, et paraissait excellent. Enfin, nous passions par le jardin du commandant jusqu'à sa maison où nous le quittions en le remerciant de sa complaisance, quoiqu'il eût mis beaucoup de discrétion dans ses explications.

Sortant alors de l'enceinte du dépôt, nous traversions le marché bordé d'une rangée de magasins où se vendent des habillements tout faits pour hommes et femmes. Nous retournions enfin à l'hôtel d'où M. Cradock partait à onze heures, avec le jeune Irlandais pour La Rochelle, y retenir des logements. Je devais le rejoindre le lendemain. Dans la soirée, me sentant un peu fatiguée, j'envoyai mes domestiques à la comédie et me couchai de bonne heure.

La Rochelle, mardi 9 août 1785.

Levée à six heures. A neuf heures, j'allais avec ma femme de chambre faire un tour sur les remparts. En dehors des portes de la ville, on construit actuellement un bel hôpital. A dix heures, je retournai à l'hôtel, je payai ma note, et, comme d'habitude, j'attendis les chevaux de poste. Enfin, à dix heures et demie, je montais dans ma chaise et partais pour La Rochelle.

A une lieue de Rochefort, première vue de l'Océan Atlantique, plage très dénudée. La route est dure, le pays aride et ennuyeux. Nous ne relayâmes qu'une fois. A deux heures nous arrivions à La Rochelle, place fortifiée, où nous dûmes, avant d'atteindre la première porte, passer sur quatre ponts-levis gardés par des soldats ; et encore, avant de me permettre d'entrer, un commis me fit inscrire mon nom sur un registre. Nous nous rendîmes à l'hôtel du « Comte-d'Artois », le meilleur d'ici, dit-on ; mais il ne peut soutenir aucune comparaison avec l'hôtel d'Angleterre à Bordeaux. M. Cradock et son compagnon n'étaient pas arrivés sans peine à La Rochelle ; leur conducteur, complètement ivre, voulut les forcer à accepter dans leur cabriolet une femme qui semblait lui tenir fort à cœur. Ces Messieurs refusèrent énergiquement, ce qui enragea tellement le misérable qu'il les menaça ; enfin, ils parvinrent à avoir raison de lui.

Ayant dîné à trois heures, nous allâmes ensuite nous asseoir sur le port : la mer était calme, les bateaux pêcheurs rentraient en quantité. Nous causâmes avec un marin qui savait l'anglais, ainsi qu'avec un des préposés aux douanes. Celui-ci avait été prisonnier en Angleterre, et il paraissait enchanté de nous parler ; notre conversation attira quelques-uns de ses camarades, curieux d'apprendre d'où nous venions et où nous avions été. Je ne me formalisai pas de leurs questions ; mais elles confirmèrent mon opinion sur le besoin d'informations qu'ont, en général, les Français. Vers huit heures, nous étions à l'hôtel.

Mercredi 10 août 1785.

A peine ai-je goûté une heure de sommeil à cause des punaises. A neuf heures, nous partions pour la cathédrale que l'on reconstruit en partie. Les sculptures à l'extérieur ne sont pas terminées, et l'intérieur à peine orné, le grand autel simple et élégant. Puis, nous allions à l'église Saint-Sauveur, belle et ancienne; le portail surtout mérite d'être vu. Pas de chaises, seulement des bancs. Deux anges, admirablement sculptés, entourent de chaque côté le grand autel de marbre.

Je considérais l'ensemble grandiose de cet édifice, et le bon goût qui avait présidé à son ornementation sans clinquant, lorsque mes regards furent attirés par un calvaire tout en coquillages. Notre-Seigneur sur la Croix ; au pied, deux dragons la gueule ouverte, et autour, sortant de vases, des têtes d'anges avec des ailes, le tout en coquillages. Quelle patience il a fallu pour faire une si vilaine chose !

Été ensuite voir la fameuse digue de Richelieu : on peut la suivre à marée basse, excepté au milieu, où l'eau est toujours assez profonde pour permettre aux bâtiments d'y passer. Pendant deux heures, nous restâmes à regarder la mer : quand elle se fut retirée, je me hasardai sur les rocs couverts d'herbes marines, et enfin m'assis sur une pierre. Je voyais au loin les navires voguant aux hasards de l'Océan livrés à tous ses caprices ; plus près, des barques de pêcheurs échouées attendant la marée pour se remettre à flot; autour de moi, l'immensité sans fin, sans bornes, m'enveloppant de la grandeur et de la puissance du Créateur, dont les œuvres sont autant de merveilles vis-à-vis de nos faibles intelligences. La plage était couverte d'une multitude d'hommes, de femmes et d'enfants pêchant des crevettes, des moules, des huîtres, etc. Une jeune fille, sorte d'amphitrite, vint nous proposer des coquillages à manger ; nous lui en achetâmes pour quelques sous. Elle nous examina des pieds à la tête, et mon habit amazone semblait attirer particulièrement son attention. Revenus de cette délicieuse promenade, nous nous mîmes à table. Dans la soirée, M. Cradock alla au théâtre; moi, je me couchai de bonne heure.

Jeudi 11 août 1785.

Trois espèces de vermine m'ont dévorée cette nuit. Après déjeuner, été à l'hôtel de ville, qui se trouve à côté de notre hôtel. C'est un des plus anciens et des plus beaux bâtiments de La Rochelle, du style Renaissance. L'escalier du dehors est fort remarquable. Au-dessus du centre de la porte se voit, sous une petite coupole, la statue en pierre de Henri IV en costume du temps[1]. Un peu fatigués, nous remîmes la suite de notre visite à un autre jour.

[1] Cette statue, brisée à la Révolution, a été remplacée par une en cire, dont on n'a conservé qu'un bras. Une statue en faïence coloriée a pris la place des deux autres.

Vendredi 12 août 1785.

Visité l'église et le couvent de l'Oratoire. L'église n'est pas belle, mais possède deux bons tableaux : *la Résurrection* et *le Crucifiement* ; puis, nous entrâmes dans le couvent nouvellement bâti. On nous fit monter par un large escalier en pierre, et, passant par une petite porte donnant dans la tour sur un étroit escalier tournant, nous arrivâmes à une terrasse de vingt pieds de large d'où l'on découvre la ville, le pays environnant, la mer et, à l'horizon, les îles de Ré et d'Oléron. La vue est splendide ; mais de cette hauteur, et par le vent qui soufflait, j'avais presque le vertige ; heureusement qu'au milieu de la terrasse on a eu soin de fixer un siège sur lequel je m'assis. A huit heures nous rentrions à l'hôtel.

Dimanche 14 août 1785.

Vers six heures et demie, avant notre souper, été aux « Fantoccini », théâtre de marionnettes italiennes, où nous nous amusâmes beaucoup.

Lundi 15 août 1785.

Aujourd'hui, grande fête de l'Assomption, toutes les églises sont superbement décorées, les statues de saints parées de leurs plus beaux habillements. Dans la matinée, été à Notre-Dame, puis au couvent des Cordeliers : leur vieille église est très ordinaire, mais bien située. Nous sortions, quand un vieux moine, paraissant se mourir d'un asthme, vint au-devant de nous et s'informa de notre nationalité, de notre religion, etc., etc.

Ensuite, nous nous dirigeâmes, à l'extérieur de la ville, voir les marais salants où l'on recueille le sel que la mer apporte par infiltration dans de petits canaux bordés d'étroites chaussées. Le soleil évapore l'eau, et l'air consolide le sel ; le plus fin reste au-dessus comme une légère couche de glace ; le plus gros tombe au fond comme du gros sable. Le moment venu, on ramasse soigneusement le sel de dessus, qui sert pour la table ; on fait écouler l'eau, et avec le gros sel on sale les poissons de conserve. Les marais salants sont plus importants à l'île de Ré qu'à La Rochelle ; c'est un des principaux produits du pays.

A quatre heures, nous retournions à la cathédrale ; l'office était commencé, mais il faisait si chaud, et il y avait une telle foule que nous préférâmes nous asseoir dehors sur la place d'Armes pour y attendre la procession. Elle sortit bientôt : elle se composait du clergé des différentes paroisses de La Rochelle, de moines, Cordeliers et Capucins, chaque ordre portant sa bannière; de docteurs, d'avocats en robe, et enfin du peuple. En vérité, c'est la plus pauvre procession que j'aie vue en France.

Mardi 16 août 1785.

A dix heures, après avoir été au « Café du Dauphin », nous allions au port louer un bateau conduit par un pilote et quelques matelots, pour faire une promenade en mer, usage peu répandu ici, car l'Océan est dangereux ; cependant nous eûmes un temps charmant. La brise si douce, la mer si calme, la vue des navires et des barques s'éloignant ou se rapprochant de nous ; à la rentrée du port l'île de Ré à notre droite en face, la ville, le port, les bâtiments à l'ancre semblent surgir des flots : tout contribua au plaisir de notre excursion. Notre équipage était des plus variés : le pilote, napolitain; un des matelots, vénitien; les autres, français, et nous-mêmes, anglais. Nous fûmes contents d'eux. A en juger par leurs remerciements, je crois qu'ils furent contents de nous. A six heures et demie, nous retournions aux « Fantoccini ». Salle comble, chaleur intolérable, mauvaises places, pièce ennuyeuse ; en somme, à neuf heures, je n'étais pas fâchée de rentrer souper et de me coucher.

Mercredi 17 août 1785.

Tandis que nous étions, cet après-midi, sur le port, il se mit à pleuvoir. Nous nous réfugiâmes sous un abri, où un charpentier travaillait à son bateau. Il nous fit force politesses, mais aussi force questions, nous demandant même quelles raisons nous avaient poussés, nous étrangers, à venir jusqu'ici.

Notre entrée n'avait pas passé inaperçue, et bientôt notre refuge se remplit d'autres curieux; l'un d'eux parlait un peu anglais. Ils firent l'éloge de notre pays; nous répondîmes par l'éloge du leur, et, quand la pluie cessa, nous nous quittions satisfaits les uns des autres.

Jeudi 18 août 1785.

Levée seulement à huit heures, ayant passé une nuit atroce, à cause des punaises. Retournés aux « Fantoccini »; autant de monde que la dernière fois, mais le spectacle meilleur.

Samedi 20 août 1785.

Dîné à deux heures. Repas maigre de toutes façons. Nous ne sommes pas contents du service de l'hôtel.

Dimanche 21 août 1785.

Après déjeuner, visité l'église des Carmes[1]. Au-dessus du maître-autel, un bon tableau ; autour, des statues de bois peintes ou habillées, des ex-voto, etc. Dans la chapelle de la Vierge, une statue la représentant tenant l'Enfant-Jésus dans ses bras, est ornée de perles, de fleurs et de galons d'or. Remarqué parmi les ex-voto un tableau retraçant l'histoire d'une jeune fille tombée dans un puits, et qui s'en retire par la puissance miraculeuse de la Vierge qu'elle avait invoquée, et qui paraît dans les nuages. Il est daté de 1741[2].

Nous dînâmes à une heure ; à six heures, nous retournions aux « Fantoccini », et, dans la soirée, je faisais mes paquets pour quitter La Rochelle le lendemain.

---

[1] Devenue un dépôt de marchandises.
[2] Ce mauvais tableau se trouve encore à la cathédrale.

La Rochelle, Saint-Herman, lundi 22 août 1785.

Levés à six heures. Malgré la chaleur, vu, après déjeuner, l'église des Récollets dont le grand autel est fort beau.

Revenus à une heure, nous dînions et faisions atteler. Le maître de poste voulut nous forcer à mettre quatre chevaux à notre chaise ; c'était une façon à lui de se venger de nos observations sur les prix exagérés du mémoire, présenté par son fils, lequel tenait l'hôtel que nous quittions.

A deux heures, nous partions pour Nantes. Changé de chevaux à Usseau, à Aligre, puis à Moreille, où il y a un couvent de l'Ordre des Bernardins de Citeaux, fondé par Éléonore, reine d'Angleterre, femme de Henri II. Nous aperçûmes trois jeunes moines en robes blanches, une grande croix noire au dos, se promenant sur la route et causant avec animation.

Notre prochaine étape fut à Saint-Herman où, à dix heures du soir, nous descendions à l'hôtel de « la Poste », fort bien tenu par la maîtresse, qui s'occupe de tout et file elle-même tout le linge de la maison.

Saint-Herman, Mortagne, mardi 23 août 1785.

Levés à sept heures. Déjeuné avec d'excellent café et du beurre sortant de la baratte et généreusement servi.

Nous nous promenions dans la cour en attendant les chevaux, quand une grande chèvre s'approcha familièrement de nous. Je me reculai par crainte de ses cornes ; ce que voyant, notre bonne hôtesse me dit de n'avoir pas peur : cet animal était si apprivoisé que, lorsqu'il voyait M. le curé entrer à l'église, il le suivait et allait s'agenouiller au confessional. « Cela amuse beaucoup M. le curé », ajouta-t-elle ; en même temps, voulant me donner un échantillon du talent de l'animal, elle le fit mettre à genoux devant moi, ce dont je ne pus m'empêcher de rire. Nous continuâmes ensuite à causer : je fis compliment à la brave femme de sa toilette ; elle en fut si charmée qu'elle me prit immédiatement par le bras et, m'emmenant dans sa chambre, me montra toute sa garde-robe. Elle me fit même passer, par-dessus mon habit, sa robe de noce, assez large pour me servir de redingote. Enfin, nous nous quittâmes si bonnes amies, qu'elle nous donna trois chevaux au lieu de deux, nous faisant entendre que, quoique son mari fût maître de poste, elle était la maîtresse.

Sa note nous parut très raisonnable et, à neuf heures, nous partions, emportant ses meilleurs souhaits.

De là, à Saint-Falgent, le prochain relai, on passe d'un pays plat à un pays boisé et plus caractérisé. Cependant la route devient assez montueuse en approchant de Saint-Falgent, situé sur une colline rocailleuse où nous arrivâmes à deux heures, et où nous fûmes forcés d'attendre nos chevaux jusqu'à quatre heures. On nous indiqua une pauvre auberge ; nous y commandâmes des œufs et des côtelettes, et pendant les apprêts du repas nous nous promenâmes dans cette petite ville où tout, même l'église, dénote la misère et la négligence.

Nous fûmes agréablement surpris d'avoir un dîner fort convenable, mais qu'on nous fit payer en conséquence. On voulut enfin nous obliger à prendre quatre chevaux ; pourtant, on finit par céder en partie à nos réclamations, et nous continuâmes notre voyage avec trois chevaux.

Jusqu'à Mortagne, le pays est aride, avec quelques aperçus pittoresques.

Peu après six heures, nous atteignions Mortagne, et arrivions à l'auberge « Louis-le-Grand », en suivant une route pierreuse, et quelquefois si étroite que les roues de notre chaise rasaient les maisons. L'extérieur de l'auberge paraît minable ; mais il n'en est pas de même à l'intérieur. On nous proposa le *grand appartement* contenant trois lits, et encore assez vaste pour y placer au milieu une grande table où nous devions souper.

Bâtie sur une hauteur, Mortagne fut autrefois fortifiée : des murs et des fossés l'entourent encore ; mais les murs sont effondrés, et les fossés comblés. Les rues mal pavées sont étroites et les maisons fort resserrées, très élevées. Les alentours, en partie boisés, forment de jolies promenades.

Vers neuf heures, nous revenions à l'auberge souper et nous coucher. Un lit propre et sans insectes m'eût permis de dormir tranquillement, si les réjouissances d'une noce à côté n'eussent troublé mon repos. Les gens de la noce, profitant du beau temps, dansèrent toute la nuit dans la rue, et firent tant de tapage qu'au matin, seulement, je pus sommeiller un peu.

Mortagne, Nantes, mercredi 24 août 1785.

Levés à six heures, nous déjeunions et allions acheter d'excellent tabac.

Continuant à visiter la ville, nous entrions dans une grande église bien décorée : le chœur lambrissé de bois brun avec dorures; un bon tableau de *Notre-Seigneur sur la Croix* au-dessus du maître-autel devant lequel brûlent des lampes d'argent. Pas de chaises, mais des bancs divisés en stalles. La pluie commençant à tomber, nous retournâmes à l'hôtel, et en partîmes à huit heures pour Nantes.

Nous changions de chevaux à Aigrefeuille, d'où la route est mauvaise jusqu'au passage de la Loire sur un pont magnifique. La Loire se divise en plusieurs bras, aussi nous fallut-il encore traverser cinq ponts qui partagent la ville.

Assez élevée, Nantes proprement dit n'est comprise que dans la vieille cité; mais ses cinq faubourgs s'augmentent chaque jour de nombreuses constructions, quelques-unes fort élégantes. La Fosse et le quai d'Estrées, au bord de la Loire, appropriés au commerce et au trafic des affaires qui se font dans cette partie de la ville, ont une lieue de longueur.

Nous entrâmes à Nantes par les vieux quartiers: quelques rues y sont tellement étroites que notre chaise ne passait qu'avec peine; les maisons, généralement hautes, ont des fenêtres à croisillons, très rapprochées les unes des autres. Sur un pavé cahotant, et à travers une foule encombrante, nous abordâmes enfin au « Cheval-Blanc », où l'on ne put nous recevoir faute de place. Il nous fallut gagner la place Saint-Nicolas, à l'hôtel

« Saint-Julien », grand, vieux, sale, plein de vermine ; mais dont les maîtres étaient fort polis. D'ailleurs, comme presque tous les hôtels sont également malpropres, nous fûmes encore heureux de trouver à nous y loger ; puis, cet hôtel, situé au coin d'une place est en bon air.

Après notre dîner, nous fîmes un tour jusqu'à la Fosse ; en revenant nous allâmes au théâtre voir *Figaro*. La salle est petite, décorée sans goût, mal tenue, mais bien éclairée ; les musiciens et les acteurs bons, de sorte que nous fûmes satisfaits de notre spectacle qui se termina à huit heures.

Nantes, jeudi 25 août 1785.

Je partageai ma chambre, servant aussi de salle à manger, avec ma femme de chambre ; mais, hélas ! ni l'une, ni l'autre, nous ne pûmes goûter un repos complet : nos lits fourmillaient de punaises, et nous en tuâmes jusqu'à soixante-quatre. A huit heures je me levai plus fatiguée que la veille.

Après déjeuner, M. Graham et Mme Macauley-Graham[1], descendus au même hôtel que nous,

---

[1] Catherine Sawbridge, née en 1733, épousa, en 1760, le Dr Georges Macauley, médecin en chef d'un hôpital, lequel mourut en 1766. En 1763, elle commença à publier une *Histoire d'Angleterre, depuis Jacques Ier jusqu'à l'élévation de la maison*

sont venus nous rendre visite. Comme il pleuvait à torrents et que nous ne pouvions sortir, nous passâmes notre matinée ensemble, ce qui me fit d'autant plus de plaisir que je ne m'étais jamais

de Hanovre au trône. Dès ses débuts, ses opinions républicaines très avancées attirèrent sur elle l'attention du public. Elle eut des admirateurs passionnés, et ceux-là même qui faisaient l'éloge de ses écrits ne prévirent pas que ses livres tomberaient plus tard dans l'oubli des papiers de rebut. Enfin, on se laissa aller à un tel entraînement pour les doctrines égalitaires de Mme Macauley que, quoiqu'au dire d'une de ses amies intimes, avant trente ans, elle sut à peine la signification du mot grammaire, ses productions étaient imprimées sans qu'on osât y faire la moindre correction. Bien plus, un docteur en théologie, le Recteur de Saint-Etienne de Walbrook, poussa l'engouement jusqu'à ériger, sous les traits de Mme Macauley, une statue à la Liberté dans le sanctuaire même de son église, au grand scandale des dévots, à la stupéfaction des érudits, et au mépris des royalistes de sa congrégation. Mme Macauley dédia un des volumes de son histoire à son courageux admirateur, dont le successeur fit disparaître cet ornement peu approprié à un édifice sacré. En 1778, elle se remaria avec M. Graham, d'un quart de siècle plus jeune qu'elle. Elle était encore fort à la mode et n'avait rien perdu de sa réputation de jolie femme. Le célèbre peintre Gainsborough, son ami, a fait d'elle un portrait. En 1785, elle partit pour l'Amérique voir le général Washington, c'est alors que la rencontra Mme Cradock. A son retour, elle se retira dans le Leicestershire, où elle mourut, le 22 juin 1791, oubliée ou critiquée par ceux qui l'avaient le plus flattée. En 1768, Walpole écrivait à un de ses amis : « La semaine dernière, j'ai tenté d'aller voir le diable sur ses échasses, mais je n'ai pas été reçu ; ce soir, je compte être plus heureux, car je me suis assuré une place dans la loge où sera Mme Macauley qui se figure être une sorte de Socrate. » On raconte que, voulant un jour lui démontrer la fausseté de ses théories sur le nivellement de la société, Johnston, un de ses assidus, lui dit, en lui désignant son valet de pied : « Voici un garçon bien élevé, poli, de bon jugement, faites-moi donc le plaisir de l'inviter à votre table. »

rencontrée avec cette femme célèbre. Grande, mince, de parfaite distinction de personne et de manières, les années et sa santé l'ont fort éprouvée ; cependant, on retrouve encore des traces de sa beauté d'autrefois. L'âge a adouci l'ardeur de son tempérament et sa conversation, des plus intéressantes, dénote un esprit cultivé, de grand sens et de beaucoup supérieur à son sexe en général. Elle s'exprime facilement, mais sans pédanterie et est vraiment fort agréable. Ils nous quittèrent à une heure et demie, et après le dîner, le temps s'étant levé, nous allâmes, avec M. Graham, faire une promenade sur le quai. Mme Macauley, un peu fatiguée, ne voulut pas nous accompagner ; à notre retour, nous lui offrîmes une bouteille de ratafia de notre confection. Enfin, à sept heures, nous nous séparâmes, fâchés de nous être si peu vus, car ils partaient le lendemain.

Vendredi 26 août 1785.

Ayant pris quelques précautions, les punaises, bien qu'elles se soient encore fait sentir, m'ont laissé à peu près trois heures de repos, et à huit heures je me levais, plus rafraîchie que la veille. Après déjeuner, nous allions chez un libraire, fort poli et complaisant, à qui nous achetâmes un plan de la ville, et qui indiqua à M. Cradock un café où il pourrait lire les journaux. En l'attendant, je visitai, tout près de là, le marché au beurre et aux œufs; je causai même avec une marchande de beurre qui parut aussi amusée de ma toilette que moi de la sienne. M. Cradock revenu, nous achetâmes de beaux raisins et de délicieuses pêches; puis, nous poursuivîmes notre chemin jusqu'au pont de la Madeleine qui traverse un des grands bras de la Loire, et d'où l'on jouit d'une vue superbe. L'église de la Madeleine, située à côté, est pauvre; nous n'y vîmes que quelques statues de saints en bois, revêtues d'ornements mesquins.

De retour à l'hôtel, nous trouvâmes nos domestiques fort occupés à démonter nos lits et à essayer de détruire les punaises. Ils en avaient déjà tué près de quatre cents. Jamais, depuis le commencement de notre voyage, nous n'en avions vu en telle abondance.

A cinq heures, nous nous arrêtions sur le quai d'Estrées à un café d'où on aperçoit la rivière et l'île Lemaire. J'y fus fort amusée par les tours d'un petit singe venant du Brésil, et le seul que j'aie jamais trouvé joli.

De là, nous allions à l'Hermitage, couvent de Capucins, bâti sur un rocher au bord de la Loire. C'est un vaste établissement entouré de jardins. Aucune femme n'y est admise, même dans les jardins; mais ce que nous en vîmes par la porte entre-bâillée nous convainquit de la situation exceptionnelle de ce couvent. La rivière très large se divise en cet endroit en plusieurs bras formant de petites îles couvertes d'arbres et d'habitations, au milieu desquels émergent les mâts des vaisseaux. Le rivage opposé présente une étendue de pays parsemé de bois, de maisons, de moulins à vent, de champs de blé et de vastes prairies où paissent de nombreux troupeaux; à gauche, la ville de Nantes change d'aspect, d'après la place d'où on la regarde. Nous restâmes longtemps à jouir de ce coup d'œil, et à différentes fois nous nous assîmes, afin de considérer plus à notre aise les paysages variés qui se déroulaient sous nos yeux. Enfin, nous descendîmes par des marches taillées dans le roc, et nous rentrions chez nous à huit heures.

Samedi 27 août 1785.

Encore tourmentée par ces affreux insectes, je n'ai goûté que peu de repos. A dix heures, été voir la poissonnerie, largement approvisionnée de poissons de mer et d'eau douce, surtout les mercredis et les vendredis. Un peu plus loin, se tient le marché au beurre, œufs, légumes et fruits où nous achetâmes du raisin et des pêches. Nous entrâmes ensuite chez un cordonnier où je me commandai une paire de sabots.

De là, nous allâmes visiter l'église des Carmes, surchargée de statues de saints en bois de grandeur naturelle, peintes en couleurs voyantes, rehaussées de dorures. Dans le chœur, juste devant le grand autel, aussi clinquant que le reste, est placé un superbe tombeau élevé par Anne de Bretagne[1], reine de France, en honneur de son père François II, duc de Bretagne. L'ensemble de ce mausolée est magnifique : chaque figure (et elles sont nombreuses) est un chef-d'œuvre. Supérieurement sculptées en marbre blanc, elles sont placées tout autour dans de petites niches en marbre foncé travaillé avec art. Aux quatre coins, les quatre grandes vertus cardinales : la Justice, la Prudence, la Tempérance et la Force. Les corps du duc et de son épouse, Marguerite de Foix, reposent sur une table de marbre noir ; les pieds du duc appuyés sur un lion, ceux de la duchesse sur une levrette. L'un et l'autre sont admirables d'expression[2]. A la grande honte des Carmes, ce superbe monument est si négligé et si plein de poussière, qu'à peine peut-on distinguer le fini du

---

[1] Maintenant à la cathédrale.
[2] Ce tombeau est l'œuvre de Michel Columb.

travail : il est couvert de noms, de dates, d'inscriptions comme une fenêtre d'auberge, non seulement sur les parties plates, mais même sur les figures ; aussi ne peut-on s'empêcher d'être indigné d'un tel sans-souci pour une si belle œuvre. Plusieurs vitraux peints ornent cette église : l'un d'eux représente un navire avec Notre-Seigneur sur la croix formée par une vergue à travers un mât, ce qui produit un effet assez étrange, mais sans doute voulu par le peintre.

Des Carmes, nous passions à Notre-Dame, vaste et ancienne église. A main droite, près de la porte, la Sainte-Trinité en figures de bois peintes : Dieu le Père tient sur ses genoux Dieu le Fils, et au-dessus des deux, une colombe étend ses ailes. Au milieu de l'église est une chapelle dédiée à la Sainte-Vierge, dont l'image tenant l'Enfant-Jésus, est en bois peint et doré. Elle est placée sur un fond noir étoilé d'argent; sa main droite tient une rose, et à ses pieds on lit : *Rosa mystica*. A cette chapelle sont suspendus beaucoup d'*ex-voto*. Du côté gauche se trouve une très ancienne chapelle ornée d'un superbe tableau et de statues de saints dans l'attitude de la prière ; au-dessus de l'autel, un ange, sortant des nuages, tient un cœur percé d'un glaive et entouré d'un nimbe. L'expression de toutes ces figures est très bonne. Quatre belles statues sont placées aux coins de cette chapelle dont le pavage en marbres de différentes couleurs est fort usé.

Été de là à l'hôtel de ville, vieux bâtiment avec une superbe porte d'entrée en pierre sculptée donnant accès dans la cour. Du dehors, on arrive par un large escalier en pierre à la grande salle (actuellement la chambre du Conseil), ornée de quelques portraits de rois de France, et de dignitaires du temps où fut bâti l'hôtel de ville. Nous revînmes en passant par un grand marché de volailles, de gibier, de viande et même d'animaux vivants. D'un côté de la place, dans de petites boucheries, on découpe la viande pour être vendue ; mais on en fait des morceaux si minces, si peu appétissants, et on l'expose sur des étaux si sales, qu'elle semble plutôt destinée aux chiens et aux chats qu'aux humains.

Nous étions de retour pour dîner à une heure. Dans la soirée, promenade jusqu'à dix heures, puis rentrés nous coucher.

Dimanche 28 août 1785.

Mes compagnons habituels ont encore troublé mon repos. A onze heures été à Saint-Nicolas, très grande et vieille église avec beaucoup de dorures et quantité de statues de saints habillées. Le chœur a quelques vitraux peints remarquables, que nous ne pûmes malheureusement examiner à loisir, car on célébrait la grand'messe, et la foule était si compacte qu'incommodés par la chaleur nous sortîmes bientôt pour aller sur le quai où nous regardâmes pêcher.

De retour chez nous, nous vîmes défiler sous nos fenêtres un homme vêtu d'une jaquette garnie de galons dorés et argentés et de rubans de toutes couleurs; il battait du tambour et précédait un homme et une femme à cheval, habillés d'étoffes voyantes. Faisant halte, le tambour cessa de battre, et un des hommes se mit à sonner trois fois de la trompette; après quoi, l'autre annonça à haute voix : que ce jour-là, à huit heures du soir, il y aurait grand feu d'artifice. L'annonce terminée, ils continuèrent leur tournée suivis d'une vingtaine d'hommes portant, au bout de longues perches, les pièces d'artifices, telles que soleils, bouquets, pièces de différentes formes, ballons, etc., etc., et, à ma grande surprise, au milieu de tout cela, un crucifix drapé de blanc. Une foule accompagnait ce singulier cortège.

Après dîner, nous retournâmes sur le quai dans l'intention de louer un bateau pour nous promener sur la rivière. Je m'assis sous un arbre avec ma femme de chambre, tandis que M. Cradock, avec son domestique, se mettait à la recherche du bateau ; mais, trouvant la distance trop longue pour s'en occuper cette après-midi, il revint bientôt, et nous nous décidâmes à rentrer à la maison.

Sur notre chemin, nous vîmes un homme parlant à une foule formant cercle autour de lui ; il tenait dans sa main des papiers et des images de saints. Je continuai ma promenade ; mais M. Cradock s'arrêta et, quelques minutes après, me rejoignait en m'apportant un papier et une relique qu'il avait payés deux sous. Avec force gestes, l'homme, dans son discours, vantait les reliques choisies qu'il vendait, s'étendait longuement sur leurs vertus, et les gens qui l'entouraient, écoutant bouche bée les merveilles qu'il débitait, achetaient avec empressement les fameuses reliques guérissant tous les maux.

A sept heures, nous allions au feu d'artifice. En passant, nous remarquâmes les travaux du nouveau théâtre, dont les premières pierres sont déjà posées sur les fondations ; une fois achevée, ce sera une construction importante. Le feu d'artifice fut assez réussi sans avoir rien de merveilleux. Une affiche placardée à chaque coin de rue nous frappa. Elle annonçait le feu d'artifice et se terminait par cet avis : « Qu'à ce spectacle les prêtres pourraient assister sans crainte d'y voir rien d'inconvenant. »

Lundi 29 août 1785.

Encore une nuit détestable. Levée à cinq heures. Peu après neuf heures, nous partions du quai de La Brette pour suivre l'Erdre. Nos domestiques étaient avec nous. Nous avions engagé, pour toute la journée, un bon bateau couvert et à voiles, avec deux matelots à qui nous devions fournir le dîner et donner 2 schellings, ce qu'ils trouvèrent généreusement payé. Le temps était délicieux; à onze heures nous mettions à la voile. Le cours de cette rivière est charmant. Large, claire et tranquille, elle est bordée de bois et de rochers : pas la moindre côte aride; mais partout des châteaux, des églises, des moulins à vent paraissant placés là pour embellir le paysage.

A deux heures, nous débarquions à l'ombre d'un grand marronnier, nous attachions notre bateau et suivions une route à travers bois jusqu'à La Chapelle, petit village sur l'Erdre. Nous entrâmes dans une auberge assez propre y commander une omelette et un canard rôti pour notre dîner, que nous devions compléter avec du jambon et du fruit apporté par nous. Notre repas fut d'autant plus amusant qu'on dressa la table dans le jardin. Les gens de la maison, très polis et très raisonnables, se montrèrent si prévenants que l'homme alla cueillir du fruit, nous priant de l'accepter, parce que, disait-il, il était plus mûr que le nôtre. La femme semblait ravie de servir des étrangers : elle examina notre mise avec attention et demanda à ma femme de chambre pourquoi elle ne se coiffait pas comme moi dont elle préférait la coiffure ; n'ayant jamais porté que de gros sabots, elle s'étonna de la petitesse de mes souliers.

Je lui demandai quelques renseignements sur ce qui poussait dans le champ à côté, et que je voyais pour la première fois. Immédiatement, elle me pria de la suivre dans une petite cabane, ouvrit un coffre à pétrir le pain, mit de ce grain entre deux meules, et le moulut afin de me montrer de quelle façon on le réduisait en farine pour en faire du pain. Elle me dit que c'était du blé noir, m'en donna, et m'assura que, si je le plantais en Angleterre, dans un terrain favorable, j'en récolterais. Je la remerciai, en acceptant son cadeau avec plaisir en souvenir d'elle ; elle en fut si enchantée qu'elle me fit une profonde révérence, ajoutant : « Madame, vous me faites trop d'honneur. »

A quatre heures, tout en marchant lentement, je me dirigeais, avec ma femme de chambre, du côté de notre bateau, mais nous avions à peine fait quelques pas, lorsque la brave femme nous rejoignit avec son petit garçon, charmant enfant de sept ans, et nous demanda la permission de nous conduire. En passant par un bois, auprès d'une belle ferme, cette femme nous raconta que la fille du fermier devait se marier le lendemain. A cette occasion, nous dit-elle, tout le voisinage étant invité, on rôtira un bœuf, un veau et un mouton entiers; on dansera sous les arbres jusqu'à minuit, et la fête coûtera vingt livres. Je lui répondis que, sans doute, ces fermiers devaient être riches. — « Non, répliqua-t-elle, mais les noces se passent toujours ainsi. » — Je crus comprendre que chaque invité contribuait à la fête. Je fus assez surprise du plaisir que témoignait cette brave femme à l'idée de danser, car elle me parut bien avoir quarante ans passés et trop d'embonpoint pour se livrer sans fatigue à cet exercice; mais le caractère français est autrement gai que le caractère anglais, et j'en avais ici la preuve. Arrivée au bateau, elle me fit encore mille compliments en me gratifiant de ses meilleurs souhaits.

A cinq heures, nous remettions à la voile; mais, le vent étant contraire, nos deux hommes furent forcés de ramer. A mi-chemin, M. Cradock proposa de s'arrêter, afin de leur permettre de se rafraîchir, leur travail étant fort rude. Je me reposai sur un rocher, tout en mangeant du raisin, pendant que M. Cradock et les hommes entrèrent dans une maison, où on lui servit de l'eau et à **eux du** vin, ce qui les mit de si belle humeur, qu'après avoir repris leurs rames, ils apostrophaient en termes assez crus les bateliers qui nous croisaient ; ceux-ci leur répondaient de la même façon, et les uns et les autres semblaient ravis de cette façon de converser.

A sept heures nous abordions au quai. Nous payâmes nos rameurs, ils nous quittèrent avec des remerciements sans fin : « Nous étions, disaient-ils, des Anglais honorables, et ils espéraient qu'un jour ou l'autre nous reviendrions. » A huit heures, nous étions à l'hôtel, un peu fatigués, quoique enchantés de notre excursion.

En traversant le quai, nous avons passé auprès des grands abattoirs de près d'un mille de long ; c'était jour de marché, et rarement je vis une si grande quantité de belle viande.

Mardi 30 août 1785.

Mes terribles ennemis m'ont encore livré une bataille acharnée cette nuit, et je n'ai pu m'endormir que vers le matin. Levée à midi, j'ai fait entièrement démonter mon lit qu'on a enduit d'une drogue. Ma femme de chambre a tué cent quarante de ces dégoûtants insectes, ce qui monte à quatre cent quatre-vingts le nombre des punaises détruites depuis mon installation dans cette chambre.

Mercredi 31 août 1785.

Malgré tous les moyens employés, je n'ai pu dormir plus tranquillement qu'à l'ordinaire. Vers onze heures, nous allions à Lamotte-Saint-Pierre, longue et large promenade ombragée de beaux arbres et bordée, de chaque côté, d'une rangée de maisons neuves bien construites. Entrés ensuite à l'Oratoire, vaste et ancienne église ornée de quelques tableaux remarquables. Revenus à une heure, nous dînions et nous gagnions le quai pour y prendre un bateau, afin de nous promener sur la Loire, fort belle en cette partie de son cours.

Nous abordâmes à l'île Lemaire, la parcourûmes et entrâmes dans un cabaret demander une bouteille de vin. Mais impossible de le boire, ce dont ne furent pas fâchés nos bateliers. L'hôtesse nous informa que, le dimanche, son cabaret était très fréquenté, qu'on y dansait, qu'on y faisait de la musique et, je crois aussi, à en juger par l'intérieur, qu'on y buvait. Des chandelles, que nous vîmes fichées au mur, devaient sans doute être l'unique luminaire de cette salle de bal. Cette femme, ses trois enfants, deux chiens et un chat furent les seuls êtres vivants que nous rencontrâmes dans cette île, et tous, excepté le chat, d'une malproprété repoussante. La femme elle-même se montrait d'un sans-gêne désagréable. Elle nous dit que Nantes était une ville morte, excepté en temps de guerre. Nous prenant pour des Américains, elle ajouta que la dernière guerre avec l'Angleterre [1] avait été une guerre d'or pour la France, et qu'elle en souhaitait une autre semblable. Nous payâmes sept sous notre bouteille de vin, et reprîmes notre bateau pour arriver à Nantes vers sept heures.

Jeudi 1er septembre 1785.

Enfin, j'ai passé une bonne nuit ! A dix heures, nous montions dans un bateau qui devait nous conduire à deux lieues de là, en suivant la Loire jusqu'à une grande fonderie de canons. Nous n'avions pas parcouru une lieue, que le vent s'éleva au point de rendre notre navigation désagréable. Nous nous fîmes alors débarquer pour visiter le magnifique parc de Launay, tout près de la ville, et appartenant à M. Chapville, qui en permet le libre accès tous les jours, excepté le dimanche et les jours de fêtes ; car les gens du peuple y ont commis tant de dégâts, que maintenant il a donné ordre de fermer les grilles à clé ces jours-là. Nous n'étions pas de retour, quand la pluie commença à tomber ; nous

---

[1] En 1778.

cherchâmes un abri dans un petit bureau des magasins à cafés, grand bâtiment nouveau entourant une cour carrée. Le magasin au sel se trouve tout près ; l'un et l'autre bien construits selon leurs différentes destinations.

A une heure, nous rentrions, heureux d'échapper au vent et à la pluie.

Samedi 3 septembre 1785.

A onze heures, nous partions en bateau pour suivre la Loire, jusqu'à l'île d'Indret, où se trouve la fonderie royale de canons. Le vent était calme, le temps superbe, les rives du fleuve admirables : à gauche, les navires, les maisons entremêlées d'arbres, de jardins, de magasins de commerce, etc. ; à droite, des rochers plantés d'arbrisseaux jusqu'au bord. Arrivés à l'île vers deux heures, M. Cradock envoya une demande à un des premiers employés de la fonderie qui nous reçut fort poliment et nous fit visiter ces travaux si étonnants. Une fois le canon fondu, il est porté à un moulin à eau qui le perce et le polit. Les machines servant à construire les canons sont si perfectionnées qu'on y arrive relativement assez facilement ; mais, quand on pense que la science des ingénieurs tend surtout à tuer son semblable, il est impossible de regarder ces engins de destruction sans un serrement de cœur. Notre conducteur nous invita à entrer avec lui au château prendre quelques rafraîchissements ; mais nous refusâmes et, en le quittant, ayant avisé une maison de propre apparence appartenant à un des ouvriers de la fonderie, nous y commandâmes une omelette. Cette omelette, d'excellent beurre et du fromage nous composèrent un dîner exquis. Malgré tous nos compliments, notre hôtesse se confondit en excuses de ne pouvoir nous donner meilleure chère. Nous lui fîmes un petit présent et partîmes pour rejoindre notre bateau ; mais, à notre grande surprise, nos bateliers nous avaient abandonnés emmenant leur bateau.

Tandis que nous nous concertions sur les moyens de nous tirer de cette mésaventure, une barque de pêcheurs aborda à l'île. L'homme nous proposa de nous conduire jusqu'à une grande chaloupe qui remontait à Nantes, et dans laquelle, sans doute, le capitaine nous accepterait. En effet, nous montâmes dans la chaloupe, et notre retour fut encore plus agréable que l'aller. A bord, se trouvaient six sœurs converses d'un couvent de Nantes. Fort convenables, à l'air doux et tranquille, elles portaient avec elles un énorme sac dont elles semblaient prendre le plus grand soin. L'une d'elles l'ouvrit, et j'aperçus le contenu du sac : quelques coquillages. La sœur vit que je les regardais, aussi ; je lui en fis compliment et lui dis que je les trouvais très jolis. Elle parut contente et ajouta qu'elle les rapportait pour les offrir à l'autel de la sainte Vierge dans leur église. — Je ne communiquai pas à la bonne sœur mes idées à ce sujet.

Arrivés à Nantes, le capitaine nous transporta jusqu'au quai dans une petite embarcation ; nous lui payâmes 2 schellings pour notre passage, ce dont il sembla fort reconnaissant.

En débarquant, nous avions vu une foule de gens attendant le lancement d'un bâtiment. Je louai deux chaises, et avec ma femme de chambre j'attendis comme les autres, tandis que M. Cradock lisait les journaux à un café voisin ; mais notre attente fut vaine ; le navire prêt, la mer s'était complètement retirée, et force fut de remettre le lancement au lendemain.

Dimanche 4 septembre 1785.

Après déjeuner, je vis passer sous mes fenêtres, comme l'autre jour, un homme battant du tambour et un autre à cheval, une trompette à la main. Ils étaient suivis d'un troisième menant un taureau enguirlandé de fleurs et de rubans comme prêt à un sacrifice et contre lequel on devait lâcher des chiens dans l'après-midi. M. Cradock me dit l'avoir rencontré en passant devant une église dont on sortait ; tout le monde était accouru, et bientôt tambour, trompette et taureau, suivis de la foule, formaient une longue procession.

A quatre heures nous allions à une conférence sur la façon de gonfler les ballons : elle m'intéressa beaucoup, surtout en ce qui concernait les différentes qualités d'air. On nous fit voir un petit ballon gonflé au moyen de la fumée ; il monta jusqu'à un plafond élevé et redescendit à mesure qu'il perdait sa fumée. Cette expérience nous expliqua clairement la manière dont on gonfle ces nouveaux ballons appelés Montgolfières. Il était près de sept heures quand la réunion prit fin.

Nous allâmes, de là, visiter le château, très ancienne construction, dont il ne reste plus que quelques parties intactes, mais qui attestent sa splendeur primitive. C'est dans ce château qu'Anne d'Autriche fit emprisonner le cardinal de Retz : la fenêtre, donnant sur la Loire et par laquelle il s'échappa à l'aide d'une corde jusqu'à un bateau prêt à le recevoir, existe encore.

Après avoir quitté ces vieux souvenirs pleins des magnificences d'autrefois, nous fîmes un tour dans les allées de Lamotte-Saint-Pierre, et n'arrivâmes chez nous qu'à dix heures pour souper.

Lundi 5 septembre 1785.

Pluie battante toute la matinée. A quatre heures, nous retournions à une nouvelle conférence sur le gonflement des ballons; mais, une heure après notre arrivée, le professeur vint nous avertir que, la salle ne se remplissant pas, il se voyait obligé de renoncer à ses démonstrations. Nous causâmes avec lui : c'est un homme instruit et de bonne éducation. Faute de mieux, je voulus flâner par la ville; mais la pluie reprit de plus belle, et je rentrai. M. Cradock alla à la Chambre de commerce lire les journaux qu'on y envoie de Paris.

Mardi 6 septembre 1785.

Je me suis fait coiffer ce matin. Après déjeuner, été nous promener sur tous les ponts à l'entrée de la ville. Visité, en passant, Notre-Dame-de-Bon-Secours, nouvelle petite église. Le chœur contient trois bons tableaux; sur l'autel, la statue de la Vierge et de l'Enfant-Jésus en bois doré, couronnée de pierreries clinquantes et ornée de perles, de fleurs, de rubans. Sur le fond et aux murs, pendent des cœurs d'argent et des *ex-voto*, dont quelques-uns blessent vraiment les regards. Le vent rendit notre promenade fatigante.

Mercredi 7 septembre 1785.

Ce matin, emballé et empaqueté nos affaires, car nous devons quitter Nantes demain.

Nantes, Ancenis, jeudi 8 septembre 1785.

Après avoir attendu nos chevaux pendant deux heures, nous partions de Nantes à neuf heures et demie pour nous rendre à Tours. Relayé premièrement à Maures, où nous eûmes un postillon très impertinent. Le pays, assez triste à partir de là, change peu à peu ; on arrive à avoir des aperçus de la Loire, et enfin, à une demi-lieue de Oudon, de hauts rochers formant une muraille, bordent la route que longe, de l'autre côté, la rivière. Descendus de notre chaise, nous fîmes une partie du chemin à pied, afin de jouir plus facilement du coup d'œil. En passant près d'une petite ville bâtie sur une hauteur, on nous montra, tout à fait au sommet, les ruines d'un château appartenant au prince de Conti. Ces ruines imposantes, la Loire dessinant dans ses détours de charmantes petites îles, les rives couvertes de vignes et de bouquets d'arbres, tout cela était ravissant. Plus nous avancions, plus nous apercevions de beaux vignobles ; les ceps ployaient sous le poids des grappes. Notre postillon (nous avions échangé le premier contre un autre fort poli) avisa quelques raisins superbes, et, descendant, sauta par-dessus un fossé, en cueillit et vint me les offrir ; ils étaient exquis.

A deux heures et demie, nous arrivions à Ancenis à l'hôtel de « la Poste » (hôtel de Bretagne). Neuf, propre, on y est bien servi. Ancenis est une ancienne petite ville bâtie sur une colline rocheuse au bord de la Loire assez resserrée dans cet endroit. Les habitants paraissent peu fortunés, et la ville pauvre ; cependant les alentours sont étonnamment riches et fertiles. Cette ville, autrefois fortifiée, n'a rien qui vaille la peine d'être vu ; il n'existe plus que quelques misérables vestiges d'un vieux château. Nous visitâmes l'église de Notre-Dame-de-Bonne-Nouvelle ; elle est très simple. Dans une chapelle latérale, il y a un groupe de la sainte Vierge supportant sur ses genoux le Christ mort ceint de fleurs et de rubans.

En revenant, nous sommes entrés à l'église Saint-Pierre, grande et très ornée de beaucoup de dorures, d'autels, de tableaux, de saints habillés, etc., etc. Heureusement pour lui, notre guide trouvait Ancenis un lieu suprême de délices. Il nous montra quelques reliques, entre autres un morceau de la vraie Croix sous un verre de cristal au milieu d'un crucifix d'argent. On le renferme précieusement près de l'autel dans un renfoncement gardé par trois portes dont une grille en fer. Quelques-uns des vêtements sacerdotaux ont beaucoup de valeur. Nous revenions ensuite à notre hôtel. Couchés à dix heures.

Ancenis, Angers, vendredi 9 septembre 1785.

Les lits étaient propres, et j'ai bien dormi. Levés à six heures, nous n'attendîmes nos chevaux qu'une heure. Après avoir payé un mémoire ridicule, nous partions pour Angers. Changé de chevaux à Varades. A une lieue de là, arrivés à la barrière qui sépare la Bretagne de l'Anjou, quatre préposés aux douanes sortirent du bureau s'assurer que nous ne faisions pas la contrebande ; mais ils furent peu difficiles, et n'examinèrent que légèrement nos malles. Leur visite terminée, nous continuâmes jusqu'à Champtocé. Partout une contrée riche et bien cultivée : la Loire s'élargit majestueusement, et arrose des coteaux couverts de vignes bordés de jolies habitations et couronnés de châteaux.

Relayé à Roche-au-Breuil. Là, nous eûmes une grande discussion avec le maître de poste, lequel exigeait que nous prissions quatre chevaux. Enfin, on s'arrangea, et M. Cradock partit en avant à pied. Nous ne l'avions pas encore atteint, lorsque le postillon s'arrêta court, descendit et nous laissa plantés sur la route, tandis qu'il allait cueillir tranquillement des raisins. Je lui adressai des observations auxquelles il répondit fort malhonnêtement. Lorsqu'enfin nous eûmes rattrapé M. Cradock, celui-ci lui admonesta une verte réprimande à laquelle, d'ailleurs, le faquin parut peu sensible. A notre dernier relai avant Angers, le maître de poste et le postillon nous dédommagèrent de nos ennuis par leur politesse.

Vers quatre heures, nous descendions à Angers au « Cheval-Blanc », hôtel propre, raisonnable et bien de toutes façons. Après avoir dîné, nous allions à la cathédrale, grande, belle, ancienne église, très riche à l'intérieur, mais sans ornements criards et sans statues de saints peintes ou habillées. Dans l'aile de gauche est le curieux monument du roi René ; aucune inscription n'y fait mention de Marguerite d'Anjou dont le corps y fut transporté plus tard. On lit seulement : *Effigies Renati Regis Siciliæ et Isabellæa Lotharingia.* Sortis de l'église, on nous mena dans les cloîtres : sur l'autel d'une petite chapelle dédiée à la Vierge, nous vîmes sa statue habillée de blanc et or ; un voile de dentelle l'enveloppait et des pierreries, des perles et des fleurs l'ornaient tout entière. Continuant notre tournée, nous gagnâmes le mail, belle promenade au dehors de la ville, se partageant en cinq allées d'ormeaux superbes qui se rejoignent en formant berceau. A sept heures, nous étions à l'hôtel.

Angers, samedi 10 septembre 1785.

Après déjeuner, visité l'église des Jacobins, ancienne et vaste, un peu assombrie par des vitraux de couleur. Elle renferme quelques vieux monuments, mais aussi des statues habillées d'oripeaux clinquants.

Passant par la cathédrale, où nous assistâmes à la grand'messe, nous allions au marché où nous achetions du fruit, puis à l'hôtel de ville, ancien monument fort curieux. On nous fit traverser d'abord une grande salle fort détériorée qui mène à la salle du conseil, et aux murs de laquelle sont suspendus deux beaux portraits du roi Louis XV et de la reine Marie Leczinska, et un autre plus moderne de Monsieur, frère du roi. De là, on nous conduisait au palais royal, ou palais de justice, aussi très ancien. Nous y pénétrâmes par un double escalier dans une sorte de vestibule garni d'échoppes de chaque côté. A un bout se trouvent les salles où se jugent les criminels ; à l'autre, les appartements réservés aux magistrats. Nous fûmes ensuite à Saint-Pierre, ancienne église décorée sans goût. Dans le chœur, nous remarquâmes deux statues en cuivre de saint Pierre et de saint Paul. On nous fit descendre dans une crypte où est enterré, dit-on, le bon roi René. J'y vis quelques bouteilles et en demandai l'explication ; notre guide nous répondit en riant que c'était là que M. le curé conservait ses vins fins, ce lieu étant favorable, paraît-il, à cet usage.

Nous nous rendîmes, après, à l'église Saint-Aubin, vieille et belle. Les sculptures du grand autel sont d'un fini délicat : elles représentent Notre-Seigneur descendu de la croix ; les figures, de grandeur naturelle, sont admirablement travaillées.

A deux heures, revenus à l'hôtel. A quatre heures, tout en nous signalant au passage quatre couvents, nous nous arrêtâmes à un nouveau manège. Plusieurs Anglais y ont appris à monter à cheval, et tous ont fait peindre, sur des papiers vélins encadrés et suspendus autour du manège, leurs armes en dessous desquelles sont inscrits leurs noms. De là, nous partions voir le château. immense et solide construction située au sommet d'un rocher. Maintenant en ruines, il n'en subsiste plus que les murs et les tours inhabitables. De la promenade, au pied du château, on domine la ville et, au loin, des champs et de belles prairies fertilisées par la Maine. A neuf heures et demie, nous soupions pour nous reposer ensuite.

Angers, Saumur, 11 septembre 1785.

A huit heures du matin, nous quittions Angers pour Saumur. Le pays, admirablement cultivé, est d'un rapport extraordinaire : il produit du blé, des vignes, du chanvre, de superbes fourrages, et nulle part je ne vis autant de poiriers, de pommiers, de noyers, ployant littéralement sous le poids de leurs fruits. On suit le cours de la Loire, et j'aurais joui avec plaisir de ces sites enchanteurs, n'eût été la peur que j'éprouvais tout du long de cette route élevée, baignée d'un côté par la rivière et bordée de l'autre par un précipice, sans le moindre obstacle ou le moindre garde-fou contre les dangers que nous courions. J'avais beau me raisonner et me dire que des centaines de gens avaient accompli ce trajet avant nous sans qu'il leur fût rien arrivé, je ne pouvais surmonter ma frayeur.

A la seconde poste, nous faillîmes être victimes d'un terrible accident : en passant près d'un chariot chargé de foin, un de nos chevaux prit peur ; le postillon eut toutes les peines du monde à l'empêcher de sauter par-dessus la levée, d'où il eût infailliblement entraîné notre chaise.

La dernière poste fut moins hasardeuse, et bientôt, en perspective, nous distinguâmes Saumur, petite ville arrosée par la Loire, dont les rives sont reliées par un nouveau pont de quinze arches. Le côté du quai est adossé à des rochers, et s'étend pendant une demi-lieue au bord de la rivière ; sur la hauteur, on aperçoit le vieux château ne servant plus que de prison d'État. Nous nous installâmes à l'hôtel de la « Corne-d'Or » dans la rue Royale nouvellement construite et faisant suite au pont Neuf. Après dîner, nous traversâmes le pont d'où la vue est délicieuse ; de là, tournant à gauche sur le quai, nous vîmes quantité de constructions commencées : un palais marchand, un hôtel de ville, un théâtre et une boucherie. Nous allâmes ensuite voir l'École militaire, attenant à la ville et entourée d'un grand parc plat planté d'arbres. Une longue rangée d'écuries divisées en stalles fait face au manège. Un peu plus loin, l'École proprement dite, comprenant, au centre, les logement des officiers, autour, les casernes des soldats. Cet établissement moderne (il date de 1763) est grand, commode, même élégant et a l'aspect d'une demeure seigneuriale. Nous regagnâmes l'hôtel en passant par le parc.

Saumur, lundi 12 septembre 1785.

Levés à sept heures. Été bientôt après, à un quart de lieue d'ici, à Saint-Florent, où nous traversâmes le Touet en bac pour nous arrêter, au pied des rochers, à une fabrique de salpêtre alimentée par ce joli petit cours d'eau. Le maître de la fabrique, fort aimable, nous offrit du fruit et nous conduisit partout. Les hommes travaillent dans des grottes creusées dans le roc [1].

Le salpêtre provient d'une sorte de craie d'un goût salé extrait des carrières. Cette craie réduite d'abord en poudre très fine est mise dans des baquets qu'on recouvre d'eau froide; l'eau s'écoule doucement par des trous et tombe dans un réservoir en dessous. Ce réservoir contient des cendres qui font fermenter le liquide et enlèvent les parties graisseuses de l'infusion produite par la craie. Du réservoir, on passe le liquide dans un grand fût, il y reste jusqu'à ce qu'il soit parfaitement limpide; puis on le verse dans des chaudières de cuivre où il bout à petit feu pendant cinq jours et cinq nuits, quand alors il commence à se cristalliser. Pour

---

[1] Ces grottes, dont ont été extraits les tuffeaux qui ont servi en partie aux constructions nouvelles de Saumur, sont utilisées actuellement en guise de caves où l'on fabrique les vins mousseux de Saumur dits champagnisés.

terminer, on le met dans un réfrigérant qu'on penche légèrement, afin de débarrasser, du restant du liquide, le salpêtre versé ensuite dans des coupes de bois qu'on enfourne dans des étuves tièdes.

Notre guide complaisant nous conduisit à un nouveau couvent bâti par les Bénédictins, près de l'ancien destiné à être démoli. Placé sur les bords du Touet ondulant au loin dans de belles prairies, on a des fenêtres de la façade un coup d'œil magnifique de la ville et du vieux château. Construit en pierres blanches ornées de sculptures, ce couvent sera trop vaste pour les six moines qui l'habiteront ; l'église qui en dépend sera consacrée. Dans la nef se voit une très ancienne et bizarre sculpture : un côté représente le ciel au-dessus du purgatoire, l'autre côté représente l'enfer. Le ciel est vide, le purgatoire rempli de pécheurs subissant différentes peines ; dans l'enfer, enfin, sont entassés des milliers de damnés torturés par les démons.

Après avoir remercié notre conducteur, nous retournions à l'hôtel, et à quatre heures nous allions à Notre-Dame-des-Ardillières, datant du règne de Louis XIV. On y entre sous un porche en dôme et de forme octogone. Le chœur, ainsi que le grand autel, sont surchargés de dorures et d'ornements peints en imitation de marbres : au milieu de l'autel, la statue de la Vierge, avec l'Enfant-Jésus, peinte et habillée ; aux vêtements sont suspendus des *ex-voto*, des chapelets, des cœurs d'argent. Nous sortîmes par une porte donnant au pied d'un roc disparaissant du haut en bas sous les fougères et contre lequel est adossée l'église. Au sommet, on va visiter la petite grotte de la Madeleine. Nous y accédâmes par un chemin tournant, arrêtés à chaque pas par les paysages variés que nous découvrions : le château, la ville, la Loire, le nouveau pont, tous les alentours, etc. Enfin, nous atteignîmes la grotte. Faisant face à l'entrée, sur un autel, un groupe de statues de grandeur naturelle, représente le crucifiement; à droite, sur un banc recouvert de mousse et orné de coquillages, est assise la Madeleine en bois peint, ses yeux ont une expression de béatitude; de dessous un vêtement de calicot à fleurs qui la recouvre, passe sa main tenant un crucifix à côté duquel est posée une tête de mort; près du banc, plusieurs saints l'entourent.

Redescendus de cette grotte, nous retraversâmes l'église pour arriver à la place Saint-Pierre. Sur notre chemin, nous vîmes quantité de petites boutiques d'articles religieux; on nous poursuivit pour nous en faire acheter. Enfin, une femme nous montra une boîte renfermant, nous dit-elle, un chapelet à la dernière mode. Fait en perles de verre ornées de dorures, on y avait ajouté des petits ballons incrustés de morceaux de miroirs où était suspendu un crucifix. Ne sachant à quoi servaient les chapelets, j'en demandai l'usage à la bonne femme qui me regarda avec surprise, et m'expliqua qu'on les portait au bras pour réciter pendant la messe autant d'*Ave Maria* qu'il y a de grains.

Satisfaits de cette explication, nous continuâmes nos investigations par l'église Saint-Pierre, vieille et très grande. Nous y trouvâmes quelques bonnes sculptures, un beau tableau au-dessus du maître-autel, de riches lampes d'argent, mais aussi beaucoup de statues de saints coloriées ou en cire, des *ex-voto*, etc. Au fond du chœur se trouve une statue colossale de saint Chrysostome. Afin de lui donner plus de vie, on lui a ajouté une longue barbe et des favoris noirs. On dirait un géant à effrayer les enfants. Revenus à l'hôtel, nous soupions et allions ensuite nous reposer de nos fatigues.

Mardi 13 septembre 1785.

Après déjeuner, sortis voir un pont en construction. Trois arches sont déjà terminées, et si le reste du travail répond à celui commencé, il sera digne de la réputation méritée des ponts de France. De là, la vue embrasse, du côté de Saint-Florent, de magnifiques prairies arrosées par le

Touet aux courbes sinueuses. En revenant, nous entrâmes à l'église du couvent des Récollets, mais n'y vîmes rien de particulier à noter.

Après dîner, je visitai une verrerie où se fabriquent surtout des jouets. Dans une salle creusée dans le roc, trois ouvriers, assis à une table, avaient devant chacun d'eux un petit vase rempli d'huile alimentant une lampe au bout de laquelle est fixé un chalumeau. On présente à la flamme des bâtons en verre de couleur ; en les fondant, l'ouvrier les convertit en menus objets pour lesquels il emploie quelquefois, selon sa fantaisie, des verres de plusieurs couleurs ; il manie ce verre fondu avec une adresse surprenante. On détruit, paraît-il, la transparence du verre au moyen d'os calcinés. Je partis, après avoir acheté, pour une somme minime, quelques petits objets fondus et travaillés devant moi.

A cinq heures, je fus au théâtre ; mais quelle salle ! Une vieille grange en planches, éclairée par trois chandelles de suif dans des chandeliers de cuivre, si sales et si poussiéreux qu'on les eût dit en fer ; sur la scène, des lampions puant la graisse ; dans un endroit réservé qu'on nomme l'orchestre, un malheureux musicien jouant d'un violon à trois cordes. Une pièce mauvaise, et tous les acteurs, excepté un seul, encore plus mauvais. Une seule chose m'étonnait, c'est que les araignées ne fussent pas de la partie. Pour me remettre de cette triste représentation, je fis un tour sur le pont avant de rentrer.

Saumur, Langeais, mercredi 14 septembre 1785.

A huit heures, nous quittions cette jolie ville de Saumur, plus propre que beaucoup d'autres que nous avions visitées. Aux coins des principales rues, sont affichées des ordonnances de police concernant l'entretien et la propreté des rues, et, en même temps, les peines encourues en y contrevenant. Des officiers de justice doivent veiller à l'observation des règlements. D'après le nombre des travaux commencés, la ville semble destinée à s'agrandir considérablement.

Pas tout à fait aussi élevée, la route continue comme celle que nous avions précédemment parcourue; mais elle est préservée dans différents endroits par des barrières; aussi, je pus, à mon aise, regarder le charmant pays que nous traversions.

Vers deux heures nous arrivions à Langeais où nous dînions à « l'Écu-de-France », auberge assez supportable. M. Cradock se trouvant souffrant, nous nous déterminâmes à nous y arrêter la nuit. Dans la soirée, nous fîmes un tour hors de la ville située sur un coteau au pied duquel coule la Loire. On voit encore quelques ruines d'un très ancien château, et les restes d'un autre plus moderne servant de prison. Toujours une campagne fertile, des sites gracieux et des vues de la rivière. Nous soupions à huit heures, et allions nous coucher à dix heures et demie. Les chambres d'une humidité extrême, les lits absolument mouillés ; néanmoins, n'y ayant pas d'insectes, je dormis bien et n'attrapai aucun mal.

Langeais, Tours, jeudi 15 septembre 1785.

A sept heures, j'étais levée. M. Cradock, se ressentant encore de son indisposition de la veille, ne se leva qu'à neuf heures. Après son déjeuner, se trouvant mieux, il commanda les chevaux; mais il nous fallut les attendre jusqu'à dix heures et demie. Nous partîmes enfin pour Tours, longeant toujours des rocs creusés servant d'habitation, et des coteaux couverts, à perte de vue, de vignes surchargées de superbes grappes. A gauche, d'énormes prairies où paissent des troupeaux de bœufs, de vaches, de moutons. Pendant deux milles, nous continuâmes à suivre cette route aplanie lorsque, de nouveau, elle devint élevée et très dangereuse, si bien que, pendant toute la durée d'un relai, ayant un postillon obstiné qui ne voulait rien écouter, je crus plus d'une fois qu'il en était fait de nous. Cependant nous atteignîmes Tours sans accident. Rien n'égale le coup d'œil du pont à l'entrée de la ville ; il traverse la Loire et conduit en droite ligne à la nouvelle rue que l'on vient d'achever, et qui se prolonge en avenue, même au-delà, dans la campagne. Nous descendions à deux heures au « Faisan », hôtel dont l'intérieur est loin de répondre à l'extérieur : chambres petites, nourriture peu soignée, tout très inconfortable et très cher.

Après un dîner médiocre, nous allions voir la cathédrale : quoique dégradée, elle est d'une richesse et d'un fini incomparables. Au-dessus de chacune des entrées de côté, il y a de magnifiques rosaces, entourées d'un travail si délicat qu'on dirait une dentelle de pierre. Dans un des bas-côtés, se trouve une horloge dans le genre de celle de Lyon[1] ; seulement, Dieu le Père n'y est pas représenté ; elle marche, mais ne sonne plus. A côté, sur un autel, un calvaire en bois peint, grandeur nature ; la croix était presque cachée sous un nombre infini d'*ex-voto* que notre guide nous dit être à vendre pour huit sous pièce ; il nous offrit une jambe et un bras en cire placés au pied de la

---

[1] Horloge à mécanique où des personnages sortaient à toutes les heures.

croix; mais nous refusâmes, ne comprenant pas la vertu attachée à ces emblèmes. M. Cradock monta jusque dans le clocher voir la vue, une des plus belles de France; je n'osai affronter cette ascension et continuai à visiter l'église; aussi notre guide fit-il une nouvelle tentative en me sollicitant de donner de l'argent pour payer des messes, afin que nous fissions bon voyage, proposition que je repoussai comme la première.

L'archevêché, magnifique construction moderne, est près de la cathédrale; l'arcade en pierre sculptée surmontant la grille d'entrée, est remarquable, et ce bâtiment, vu du bout de la rue qu'il termine, est très beau. Dans la bibliothèque, il existe deux manuscrits fort curieux : l'un, le *Pentateuque*, écrit entièrement en petites lettres majuscules; l'autre, les *Quatre Évangiles*, transcrits en lettres saxonnes. De là, nous sortîmes de la ville et allâmes sur le mail, promenade formée de trois allées d'un mille de longueur, ombragées par quatre rangées de grands ormeaux. Cette promenade était, paraît-il, autrefois si bien entretenue, qu'il n'était pas permis d'y passer après la pluie; depuis qu'on a tracé de nouvelles avenues, il n'en est certes plus de même, car j'ai même vu paître des vaches sur l'herbe au bord du mail. Ces avenues sont entourées, de chaque côté, d'immenses jardins fruitiers où croissent en abondance les poires, les pommes, le raisin, les pêches, etc., etc.

A dix heures, je me mettais au lit, mais je n'y étais pas seule : les punaises me furent une société importune.

Tours, vendredi 16 septembre 1785.

Levés à sept heures, cette mauvaise nuit nous décida à quitter Tours le lendemain. A onze heures, nous allions à l'église Saint-Martin, la plus célèbre de cette ville[1]. Derrière le grand autel, se trouve le tombeau du saint où, nous dit-on, se célèbrent, chaque jour, trente messes. Cette église, très ancienne, et d'une étendue immense, divisée en cinq ailes, est d'un style particulier, sans sculptures à l'extérieur. Elle est assombrie par des vitraux peints, dont quelques-uns sont d'une grande richesse de couleurs. De l'entrée, la vue embrasse d'un seul coup la longue nef, et les tribunes du fond composées de trois cintres formés d'élégantes et légères colonnettes, reliées entre elles et soutenues par de magnifiques piliers. Dans chaque cintre, une rangée de petits vitraux. Rien n'est à la fois plus gracieux et plus imposant, quoique les détails en soient un peu

---

[1] Détruite à la Révolution, il n'en reste que deux tours qui sont assez pour attester de la grandeur et de la magnificence de cette antique basilique.

interceptés par une clôture, le chœur et le reste de la nef. Autrefois, toutes les grilles autour de l'autel étaient en argent massif; maintenant elles sont en cuivre et fer forgé. On nous montra, dans la sacristie, les vêtements des grandes fêtes : ils sont d'une richesse et d'un travail inouïs; ceux en velours, brodés d'or de différentes nuances, dépassent tout ce que nous avons vu dans ce genre. Le dais du Saint-Sacrement pour la Fête-Dieu est en velours cramoisi brodé d'or ; c'est le plus riche de France. Nous admirâmes un ostensoir donné cette année à l'église : il est en argent ; les rayons en or, au milieu, un cristal prodigieux ; le travail en est exquis et a dû être exécuté par un artiste de talent. En sortant, nous remarquâmes, derrière un pilier, dans un coin peu apparent, une statue de la Vierge avec l'Enfant-Jésus revêtue d'habillements et d'ornements plus qu'ordinaires. Nous en fîmes l'observation à notre guide, qui nous répondit que c'était la Vierge du peuple.

Revenus à l'hôtel à deux heures. Après un dîner aussi détestable que celui de la veille, nous nous dirigeâmes vers les quais plantés de deux rangées d'arbres; de là, on voit la Loire se dérouler au loin, arrosant un pays idéal et formant des îles charmantes. Avant de reprendre le mail, nous nous arrêtâmes à une église dépendant d'un couvent de religieuses : petite, soignée et simple, nous n'y remarquâmes qu'un autel orné de fleurs, sans doute l'ouvrage des bonnes sœurs. — A six heures je rentrai. M. Cradock se promena jusqu'à dix heures. Revenus pour souper, nous ne pûmes obtenir que les restes d'une carpe laissée sans doute par d'autres voyageurs auxquels l'odeur avait suffi. Nous préférâmes nous contenter d'un morceau de pain.

Tours, Amboise, samedi 17 septembre 1785.

Après déjeuner, nous visitions encore **quatre** églises, où nous ne remarquions guère que les vitraux et quelques bons tableaux. A une heure, nous prenions notre dernier repas dans cet hôtel où tout, excepté le vin, était mauvais et d'un prix extravagant. Ainsi, pour deux déjeuners composés chacun d'un petit pain, d'un peu de beurre, de trois cuillerées de lait, de sucre jaunâtre, d'une théière d'eau bouillante (j'avais mon propre thé), on nous compta quatre livres, et tout à l'avenant. Quant aux domestiques, peu prévenants et peu polis, leur excuse est qu'ils étaient fort occupés de l'abbesse de Fontevrault descendue avec sa suite dans cet hôtel, où elle est arrivée dans un carrosse attelé de six à huit mules [1]. En somme,

---

[1] La célèbre abbaye des Bénédictines de Fontevrault, en Anjou, fut fondée en 1100, par Robert d'Arbriscelle, pour des moines et

Tours me parut triste, d'autant plus que je n'y vis aucun amusement public.

A trois heures, nous partions pour nous arrêter à l'abbaye de Marmoutiers, une des plus riches et des plus anciennes de France. Elle est occupée maintenant par les Bénédictins. Les hommes seuls peuvent pénétrer dans ce couvent; mais l'église est ouverte à tous et j'en profitai : vaste et magnifique, le chœur séparé du reste est réservé aux moines. Je regardai à travers la grille épaisse et aperçus quelques belles sculptures; là, pas de statues de saints habillées, le grand autel est superbe. J'attendais en dehors avec ma femme de chambre, tandis que M. Cradock visitait le couvent, quand

---

des religieuses. Henri II d'Angleterre, qui en fut un des principaux bienfaiteurs, fut enterré dans le chœur de l'abbaye, ainsi que sa femme, la reine Eléonore, son fils Richard Ier Cœur de Lion, et Isabelle, fille du comte d'Angoulême, troisième femme du roi Jean, et mère de Henri III, qui mourut religieuse de l'abbaye. Le cœur du roi Henri III fut donné à l'abbaye vingt ans après sa mort, selon la promesse qu'il en avait faite durant sa vie, par son fils Edouard Ier. Plusieurs princesses de sang royal devinrent abbesses de l'abbaye de Fontevrault qui, avant la Révolution, était excessivement riche. Le nombre des religieux des deux sexes s'élevait à plus de deux cents, sous la direction de l'abbesse dont l'autorité spirituelle et temporelle était absolue.

Pendant la Révolution, l'abbaye fut convertie en prison, et la chapelle, où se trouvaient les statues des personnages royaux, entièrement détruite. Les statues avaient été mises dans un cellier dépendant de l'abbaye, où on les retrouva en 1816. Le gouvernement anglais désirait les faire transporter à Westminster, mais ne put en obtenir l'autorisation, et, depuis, elles ont été replacées dans la chapelle qui a été relevée.

un frère lai, nous apercevant, nous invita fort obligeamment à entrer nous asseoir dans la loge, ce que nous fîmes. De retour, M. Cradock demanda s'il pouvait me laisser avoir un aperçu du nouvel escalier auquel travaillent encore les ouvriers, mais qui sera bientôt fini. Notre nouvel ami y condescendit, ajoutant que, les moines étant en ce moment à l'office, nous pourrions passer par le réfectoire qui s'ouvre sur cet escalier. Il nous accompagna même auprès du suisse pour lui dire qu'en notre qualité d'Anglaises et d'étrangères il nous laissât entrer, ce dont je fus très fière, car la porte est irrévocablement fermée à toute femme. Le réfectoire avec plafond à corniche, et tables tout autour, est orné de plusieurs tableaux remarquables, particulièrement celui qui recouvre tout le fond de la salle et qui est considéré comme un chef-d'œuvre. Le milieu représente la Cène : Notre-Seigneur est à table avec ses disciples ; à droite, le Christ lave les pieds de ses disciples, et enfin, à gauche, sainte Madeleine essuie ceux du Sauveur avec ses cheveux. L'escalier, moderne et fort élégant, est coupé à angles droits ; il conduit à tous les étages et se termine au-dessous d'un plafond peint ; mais n'étant pas montés, nous ne pûmes distinguer le sujet de la peinture. Nous fîmes ensuite le tour des cloîtres formant un carré couvert autour d'un jardin garni de jolis parterres. A la porte, nous rencontrâmes notre frère lai auquel nous exprimâmes notre admiration pour le beau tableau du réfectoire; sur ce, il dit au suisse de nous montrer aussi le réfectoire d'hiver. Il est moins grand que le premier, mais tapissé également de tableaux de valeur ; deux surtout me frappèrent : l'un, la sainte Vierge évanouie auprès du corps du Sauveur qu'on vient de descendre de la Croix; l'autre, saint Mathieu écrivant l'Evangile sur une table devant lui ; la tête du bœuf est vivante.

Le suisse allait nous conduire plus loin, lorsque, apercevant les moines revenant de l'office, il s'arrêta subitement et nous pria de l'excuser de ne pouvoir nous en montrer davantage. Nous fûmes donc forcés à regret d'écourter notre visite et de remercier, plus tôt que nous ne l'eussions désiré, le complaisant suisse et l'aimable frère lai. Les bons Pères ne doivent pas s'ennuyer dans cette superbe résidence, entourée de dépendances admirablement entretenues et dominant un site délicieux; d'ailleurs, ils peuvent, nous dit-on, recevoir des invités.

Remontés dans notre chaise, nous poursuivîmes notre voyage jusqu'à Amboise, suivant une route sablée baignée par la Loire, route si charmante, qu'on semble traverser perpétuellement un parc coupé par des jardins. Peu après six heures, nous arrivions à la vieille petite ville d'Amboise, et descendions au « Cheval-Bardé », véritable auberge de rouliers, où sept voitures chargées stationnaient devant la porte, mais propre et bien tenue. A huit heures, nous soupions.

Amboise, Blois, dimanche 18 septembre 1785.

Après déjeuner, été à pied à un quart de lieue d'Amboise voir Chanteloup, résidence du duc de Choiseul, mort il y a quatre mois. Le feu duc est si regretté, qu'un pauvre homme, garde-barrière du pont menant à la ville, dit à M. Cradock que, « si pour rendre la vie au duc, il eût suffi de faire pleurer les cailloux du chemin, on leur eût arraché des larmes ». Sa mort a été un véritable deuil pour le pays tout entier où il répandait en abondance ses bienfaits, surtout parmi les pauvres qu'il soulageait généreusement. De la ville à Chanteloup, la route plantée de beaux arbres, suit presque tout le temps les bords de la rivière.

Le château est à gauche, au bout d'une longue avenue coupant d'immenses champs de vignes. Les appartements du duc et de la duchesse sont somptueusement décorés. La bibliothèque du duc[1], vaste et longue, contient, avec les livres, quelques

---

[1] Une partie du corps de la bibliothèque de Chanteloup est maintenant à la Bibliothèque municipale de Tours.

antiques excessivement rares. A la suite, son petit cabinet de travail dans lequel nous remarquâmes une table à écrire fort curieuse et trois bons tableaux, dont deux, représentant *Rome ancienne* et *Rome moderne*, sont suspendus de chaque côté de la cheminée ; le troisième, faisant face, reproduit l'entrée du duc comme ambassadeur à Rome.

Du cabinet de toilette de la duchesse, où il y a un beau portrait en tapisserie des Gobelins, nous passâmes dans sa bibliothèque, petite et étroite, éclairée d'en haut. Une fois la porte fermée, on ne peut découvrir aucune entrée, ni deviner comment on accède à une galerie au dessus. En touchant un ressort, une porte ayant l'air de faire partie du meuble où sont placés les livres s'ouvre sur un très petit escalier tournant, par lequel on arrive à la galerie garnie d'une légère rampe en fer. Nous remarquâmes aussi dans cette bibliothèque quantité d'objets d'art en bronze et en marbre. Des appartements du rez-de-chaussée, on n'a aucune vue sur la Loire, bien qu'on n'en soit pas loin. Par une des fenêtres de la grande salle, on appela notre attention sur une immense pagode bâtie par le duc. Par malheur, il n'y a pas d'héritiers directs et on craint que cette belle propriété ne soit vendue [1].

[1] Arthur Young, le célèbre agriculteur et voyageur anglais, qui vint à Chanteloup deux ans après, en septembre 1787, dit : « Été à Chanteloup, magnifique résidence du duc de Choiseul, sur une

Revenus à notre auberge à midi, nous nous disposâmes à poursuivre notre voyage. Notre aubergiste nous présenta un mémoire si exorbitant que nous refusâmes de le payer sans diminution, et il finit par accepter nos offres.

La route est de nouveau très mauvaise, aussi n'eus-je guère moins de craintes que sur celle de Saumur, surtout à cause de notre détestable postillon ; cependant nous arrivâmes à cinq heures, sains et saufs à Blois, où nous descendîmes à l'« hôtel Gallère », très vieil hôtel où s'arrêtait toujours Louis XIV, lors de ses chasses royales. Les appartements que nous occupons portent encore le nom d'appartements du roi : quelques meubles sont les mêmes que du temps du grand monarque. Les

hauteur, à une petite distance de la Loire qu'on aperçoit en hiver, ou lorsqu'elle déborde, mais à peine distincte dans cette saison. Le rez-de-chaussée comprend sept pièces. La salle à manger mesure 30 pieds de longueur sur 20 de largeur; le salon 30 sur 33. La bibliothèque qui mesure 72 pieds sur 200, a été tendue par le possesseur actuel (le duc de Penthièvre) de superbes tapisseries des Gobelins. Dans les jardins d'agrément, sur une colline commandant une vue splendide, s'élève une pagode chinoise de 120 pieds de hauteur. Construite par le duc en souvenir de ceux de ses amis qui venaient le visiter dans son exil, tous les noms sont inscrits sur les murs de la première chambre; le nombre et le rang des personnes inscrites font honneur au duc et à elles-mêmes. La forêt, aperçue du haut de la pagode a, dit-on, une étendue de 11 lieues. De belles allées, tracées dans différents sens, aboutissent toutes à cette pagode où, du vivant du duc, on se donnait rendez-vous pour les chasses. »

Le beau domaine de Chanteloup n'existe plus. Il a été vendu par lots, et le château détruit : la pagode seule a été respectée.

murs sont tendus d'étoffe magnifique tissée de soie et d'argent, le sofa est en velours vert richement brodé ; mais les portes et le plancher seraient tout au plus dignes d'une chaumière ; les fenêtres, d'une écurie ; et le plafond, d'une grange. La situation de cet hôtel, au bout de la ville sur un quai au bord de la Loire, rachète le délabré de l'intérieur. A gauche, on découvre un superbe pont en pierre reposant sur treize arches, au milieu duquel s'élève un obélisque de 50 pieds. Ce pont conduit à un bourg qui apparaît sur la hauteur boisée de la rive opposée. La grande route et les bateaux, vu de nos fenêtres, donnent une animation et une vie extraordinaires à ce paysage.

La propriétaire de l'hôtel, veuve avec sept enfants, nous traita on ne peut mieux. A souper, elle nous servit une dinde supérieurement rôtie.

La soirée étant merveilleuse, nous allions à huit heures et demie faire un tour sur le mail, promenade sablée longeant la rivière et plantée de deux rangées d'ormeaux si épais, qu'ils ne laissent pénétrer ni le soleil, ni le vent. A dix heures, nous nous mettions au lit.

Blois, lundi 19 septembre 1785.

Après dîner, été visiter le château. L'architecture de cette ancienne résidence royale appartient à plusieurs époques : Elle a été construite par différents souverains qui y ajoutèrent ou la modifièrent selon leurs goûts. Ce château aurait besoin d'être réparé ; mais le superbe escalier bâti sous François Ier et les murs extérieurs construits sous Louis XII sont intacts. L'escalier est un vrai chef-d'œuvre ; il est impossible de trouver à la fois dans une construction plus d'élégance dans la masse, plus de délicatesse dans tous les détails. Rampant autour de piliers sculptés, il est à jour ; les ouvertures ont des balcons ornés de balustrades ; jusqu'en haut, à chaque étage, une porte conduit aux appartements. Les murs sont crevassés ; mais, à moins de destruction voulue, le reste peut encore défier plusieurs siècles. Au-dessus de la porte principale de la cour intérieure du palais, se voit la statue équestre en bronze de Louis XII ; sur l'arcade qui la surmonte est gravé le manteau d'hermine. Malheureusement, notre conducteur, qui répétait sa leçon par cœur, était d'une volubilité désespérante pour des étrangers. Nous vîmes la prison où fut enfermé le cardinal de Guise, archevêque de Reims et où, la veille de l'assassinat du duc de Guise, Henri III le fit massacrer par quelques soldats soldés à cet effet. On brûla son cadavre et on jeta ses cendres au vent. Les ligueurs le considérèrent comme un martyr, et son sang, imprégné sur la pierre où il tomba, fut gratté et recueilli comme une relique. On nous montra aussi le cabinet du roi où fut traîtreusement poignardé le duc de Guise. Puis, nous traversâmes les appartements occupés par Marie de Médicis durant son séjour à Blois. Ils servent maintenant de garde-meuble et ont plutôt l'aspect de prisons que d'appartements royaux. Je ne pouvais, en parcourant ce palais, m'empêcher de penser aux complots, conspirations et assassinats dont il a été le témoin.

De là, nous allâmes à l'évêché, à côté de la cathédrale. La simplicité de ce bâtiment n'en exclut pas la grandeur. L'évêque permet, à quiconque en demande la permission au portier, de se promener dans ses jardins. Admirablement entretenus, ils sont très accidentés, et se prolongent jusque sur le coteau où ils se terminent par un mur élevé. Une longue avenue bien abritée sert de promenade, été et hiver. Nous y vîmes un grand nombre d'orangers. Sur la hauteur, et dominant les jardins, un parc, planté d'arbres magnifiques, aboutit à une terrasse d'où l'on découvre tout le pays environnant. Pendant près d'une heure, nous restâmes à contempler cette admirable vue. Revenus à l'hôtel, je me couchai à neuf heures, me sentant fatiguée.

Samedi 24 septembre 1785.

Assez souffrante depuis lundi, je n'ai fait ma première sortie qu'aujourd'hui pour visiter la cathédrale : elle est grande, d'architecture simple, et à l'intérieur il n'y a guère plus d'ornements qu'à l'extérieur. M. Cradock est parti hier pour Chambord, à quinze milles d'ici ; le domestique qui l'avait accompagné est revenu, ce matin, m'annoncer que son maître ne reviendrait que le lendemain.

Dimanche 25 septembre 1785.

Une bonne nuit m'a presque remise de mon indisposition. M. Cradock est arrivé à dix heures et demie. La moitié des Blésois est partie aujourd'hui à la chasse aux loups avec une meute royale. La nouvelle que des loups, sortis du bois, avaient dévoré un homme et un enfant, a semé la terreur dans tout le pays, et cette chasse a été annoncée hier à son de trompe par un piqueur du roi.

Lundi 26 septembre 1785.

Traversé le pont jusqu'à Vineuil, où l'église, bien soignée, me plairait assez, n'était une quantité de statues de saints habillés de dorures, d'*ex-voto*, etc. Parmi ces derniers, il y a, à côté du grand autel, un tableau représentant des hommes à cheval ; un des chevaux lance une ruade à un cavalier qui implore le secours de la sainte Vierge paraissant dans les nuages. Un petit autel de côté est dédié à Notre Dame des Sept-Douleurs. — Revenons avec pluie et vent.

Mardi 27 septembre 1785.

A onze heures, le temps s'étant remis au beau, nous fîmes une promenade au bord de l'eau. Je ne pus me lasser d'admirer les paysages de ces environs, et de longtemps je n'oublierai le spectacle que j'avais sous les yeux : à gauche, serpentant au loin, la Loire aux bords de laquelle s'éparpillent des habitations au milieu de touffes de verdure ; à droite, les riches coteaux de vignobles où des groupes de cinquante à soixante vendangeurs font la récolte. Les uns cueillent le raisin, les autres le transportent à dos dans des hottes qu'ils vident dans des baquets, disposés en dehors de la vigne. Les vendanges sont toujours une occasion de réjouissances et de divertissements pour les paysans. L'air résonnait de leurs chants joyeux, interrompus seulement par des appels ; nous ne pûmes résister au plaisir d'aller vers eux.

Ils nous dirent que la vendange serait bonne ; en effet, les raisins gros et bien fournis pendaient en énormes grappes des ceps qui ne pouvaient plus les supporter ; il était impossible de n'en pas écraser en marchant dans les sillons. Nous profitâmes de la permission de prendre du raisin dans les vignes ; je n'en mangeai jamais de meilleur.

Tout en nous retirant, nous nous arrêtions plus d'une fois, non seulement pour regarder cette scène villageoise, mais aussi les champs et les prairies. Enfin, arrivés au sommet d'un monticule planté d'un seul arbre, nous fûmes récompensés de nos peines par un magnifique coup d'œil ; la vue s'étend si loin qu'on distingue même le château de Chambord.

En descendant, nous nous arrêtions à un couvent de capucins. Ayant avisé un de ces moines près de la porte, M. Cradock le pria de lui donner quelques renseignements ; le capucin nous invita à venir nous asseoir à côté de lui. La conversation s'engagea et il nous apprit qu'il avait été en Turquie, en Abyssinie, en Italie, en Sicile, à Malte et dans plusieurs autres parties du monde ; ajoutant qu'ayant quatre-vingt-sept ans, il ne voyagerait plus jamais. On ne lui eût pas donné son âge, et rarement je vis vieillard à l'air si jeune : pas une ride dans son visage, toutes ses dents et des yeux clairs et brillants. Il était fort gai et semblait enchanté de causer avec nous. Il nous raconta que le monticule que nous venions d'escalader avait été élevé par ordre d'un roi de France, lequel tenait sa cour au château de Blois au moment d'une grande famine. Il avait employé les pauvres à transporter les terres dans cet endroit maintenant au milieu des champs, mais faisant alors partie des jardins royaux; il leur fournit du pain tant que durèrent les travaux, terminés longtemps au-delà de la famine.

A une heure, nous prenions congé de notre vieux et aimable moine, et passions par la cour du château pour rentrer à l'hôtel.

Mercredi 28 septembre 1785.

Fait une longue promenade du côté opposé à celui où nous étions hier. On est en pleine vendange; aujourd'hui, nous ne vîmes récolter que du raisin blanc. Un des vendangeurs nous emmena au pressoir. Il nous expliqua que, le raisin aussitôt cueilli, on le met dans d'énormes cuves à fond plat où entre un homme; il a aux pieds des sabots d'une forme particulière, et foule les raisins en les piétinant. Le jus s'écoule à travers un tamis d'osier dans une gouttière fixée à la cuve; afin d'en extraire le restant du jus, on écrase le raisin entre deux planches. Le vin est alors mis dans des fûts, il y fermente et s'éclaircit en même temps jusqu'au moment où, la fermentation faite, on le transvase dans les tonneaux. On me donna à goûter du vin nouveau, il ressemblait à une liqueur. Rentrée à deux heures, je me reposai de ma longue promenade ; M. Cradock sortit lire les journaux.

Dimanche 2 octobre 1785.

Très grand vent toute la journée. J'ai fait mes préparatifs pour quitter Blois demain matin.

Blois, Vendôme, lundi 3 octobre 1785.

A huit heures, nous partions de cette plaisante ville de Blois pour Vendôme, à une distance d'environ vingt milles. La première moitié de la route traverse des champs de vignes ; la seconde, des champs de blé. La forte pluie de la veille ayant détrempé les chemins, nous n'arrivâmes à Vendôme qu'à quatre heures de l'après-midi. En approchant, les productions du pays deviennent plus variées. Nous descendîmes une colline très escarpée au pied de laquelle coule le Loir qui arrose une partie de la ville.

Nous logeâmes au nouvel hôtel « Saint-Martin ».

Après avoir donné nos ordres relatifs à notre souper, été jusqu'au couvent des Bénédictins, faisant partie de l'abbaye de la Trinité[1]. L'église, vaste et splendide, est ornée, au dehors, de magnifiques sculptures; à l'intérieur, de marbres et de vitraux superbes. On nous permit de visiter les appartements du rez-de-chaussée, et de faire le tour des cloîtres qui entourent un jardin traversé par un petit cours d'eau divisé en bassins, aménagés pour conserver différentes espèces de poissons.

Le réfectoire d'été, plus long que large, est énorme : des tables tout autour, et au milieu un lutrin. Les boiseries taillées en ovale, peintes en brun nuancé, me parurent de bon goût. A la suite, une salle, moindre que la précédente, contient les portraits de plusieurs moines et, parmi eux, celui du fondateur de ce couvent : notre conducteur nous dit qu'il était anglais; mais j'ai oublié son nom. Nous fûmes très surpris d'y voir des tables à jeu, entre autres une table de trictrac sur laquelle les cornets et les dés jetés attestaient que nous venions de déranger les joueurs. Le réfectoire d'hiver, chauffé par un grand poêle, est beaucoup plus petit; nous passâmes à côté dans une pièce, de dimension moyenne, où les moines se retirent pour causer après leurs repas.

[1] Convertie en caserne de cavalerie.

On nous conduisit ensuite dans les jardins plantés d'arbres fruitiers, de vignes, etc., etc. Devant la maison s'étend une large terrasse sablée donnant en face sur un jardin potager d'une immense étendue, et sur un vert coteau au sommet duquel on découvre à droite les ruines d'un vieux château ; la rivière coule au pied. De la terrasse, partent de longues avenues à l'abri du soleil et du vent ; on ne peut s'en imaginer de plus belles.

Rentrant de nouveau, on nous fit visiter les cuisines, très vastes et bien montées ; plus de soixante casseroles pendaient aux murs : nous fûmes étonnés d'y voir une fille de cuisine ; mais j'avoue que notre stupéfaction fut complète lorsqu'on nous introduisit dans le parloir où se tiennent les dames *invitées*. Mon visage trahit mes impressions ; mais mon guide m'assura que des dames du plus haut rang se rendaient parfois à cette abbaye, qui, du reste, m'a semblé surpasser en bien-être (pour des religieux) tout ce que nous avions vu jusqu'ici.

Nous montâmes ensuite au château, sur un plateau élevé, d'où nous dominions la ville, la campagne et les alentours : il n'en reste plus que quelques ruines habitées par les hiboux. Une église, paraissant avoir été construite avec des débris du château, est posée tout à fait en haut du coteau que nous gravîmes par des degrés si peu fréquentés qu'ils disparaissaient sous une herbe touffue. L'intérieur de l'église est celui d'une vieille grange en pierre. Le chœur étant fermé, nous ne pûmes le visiter. Au centre du jubé, se dresse un arbre en bois peint découpé ; au-dessus du tronc, notre Sauveur sur la croix ; des deux côtés sur les branches, deux figures de femmes, sans doute la sainte Vierge et sainte Madeleine. Je n'avais encore rien vu de pareil. Revenus à l'hôtel, nous soupions, et, à neuf heures et demie, allions nous reposer.

Vendôme, Bonneval, mardi 4 octobre 1785.

Été ce matin à l'église Saint-Martin[1], grande, belle, sans statues peintes ; au-dessus du maître-autel est placé un bon tableau.

A neuf heures, après avoir soldé une note modérée, nous quittions ce bon hôtel et partions pour Bonneval, suivant une excellente route et un pays des plus productifs. A une lieue de Vendôme, nous passâmes au pied d'un coteau sur lequel, entouré de bois épais, est élevé un superbe château appartenant au marquis de Chimay. Derrière le château, la vue embrasse une riche vallée, une jolie rivière et des collines couvertes d'arbres.

Changé de chevaux à Châteaudun. Cette ville

---

[1] Il n'en reste plus que le clocher.

posée à mi-côte, dans une situation des plus pittoresques, est arrosée par le Loir : la route suit, d'un côté, des collines escarpées ; de l'autre, un précipice au bas duquel coule la rivière. Afin de jouir sans crainte de ce magnifique coup d'œil, nous fîmes une partie du chemin à pied, et ne remontâmes dans notre chaise qu'après avoir gagné une large route menant à Bonneval où nous descendîmes à la « Poste », meilleur hôtel qu'on ne le croirait, d'après son apparence. Le temps pluvieux nous empêcha de sortir.

Chartres, mercredi 6 octobre 1785.

Vers neuf heures, nous partions pour Chartres. Bonne route, à travers d'immenses champs de blé. Arrivés à une heure, nous nous établissions à l'hôtel des « Trois-Rois » ; chambres petites, mais confortables. Aussitôt après avoir commandé notre dîner, nous sortions. Quoique de peu d'étendue, la ville passe pourtant pour une des plus anciennes de France : ses murs, hors desquels s'étend le mail, belle promenade également agréable en été et en hiver, ont six portes d'entrée ; au-dessus de chacune s'élève l'image de la Vierge Marie, patronne de Chartres, où elle est spécialement révérée. Après dîner, été à la cathédrale. Bâtie, dit-on, sur l'emplacement d'un ancien temple des Druides dédié à une Vierge qui enfanterait un Fils, d'abord en bois, elle fut détruite et réduite en cendres par la foudre en l'an 1020 ; mais presque immédiatement reconstruite en pierre sous l'épiscopat du vertueux évêque Fulbert. Elle est maintenant considérée comme une des plus belles de France[1]. Les groupes sculptés de la clôture du chœur, représentant les principaux faits de la vie de Notre-Seigneur, surpassent tout ce qu'on peut s'imaginer d'admirable. La figure du Christ, rendant la vue à l'aveugle-né, me fit surtout une grande impression. On a dernièrement nettoyé toutes les sculptures, et réparé à neuf le maître-autel dont le dessus est en marbre gris encadrant un carré de jaspe sur lequel on pose le crucifix en argent doré.

L'autel est surmonté d'une Vierge au milieu des nuages, des anges à ses pieds. On dit que le sculpteur mit douze ans à exécuter cet admirable groupe de l'Assomption, véritable chef-d'œuvre, et si finement travaillé qu'on s'attend à voir s'agiter les ailes des anges. Le bas et les marches de l'autel sont en marbre; autour, des colonnes de porphyre à corniches de feuilles dorées. Entre chaque pilier, le mur du fond imite des tentures gris nuancé, bordées de franges et soutenues par des cordelières d'or.

[1] Après un violent incendie, en 1836, elle fut de nouveau réparée.

L'église se fermant à quatre heures, on nous prévint qu'en nous présentant le lendemain matin à dix heures on nous montrerait sans doute le trésor, ainsi que nous en avions exprimé le désir. Étant donc convenus du rendez-vous indiqué, nous allâmes nous promener sur le mail jusqu'au moment de rentrer à l'hôtel.

Jeudi 6 octobre 1785.

Vers dix heures, nous étions à la cathédrale; le sacristain nous dit qu'en qualité d'étrangers on nous ferait voir le trésor, mais que cette faveur ne pouvait nous être accordée qu'en présence d'un chanoine. Les chanoines appartiennent presque tous aux familles nobles. En effet, aussitôt son arrivée, nous passâmes derrière l'autel où est conservé le trésor dans un renfoncement fermé par une double porte en argent. Les manières et le langage du chanoine ne pouvaient laisser aucun doute sur sa naissance; il doit, paraît-il, être nommé à un évêché la semaine prochaine.

Ce que le trésor contient de richesses est incalculable : des croix, des cœurs, des mains en or; une petite statuette de la Vierge en or pur; des patènes, des calices incrustés de rubis, de topazes, de turquoises, etc., etc.; un petit crucifix fait de deux émeraudes et d'un énorme diamant au milieu (c'est un des plus beaux objets). Occupant le centre de cette espèce d'armoire, est une superbe châsse tout en argent lamé d'or, en forme d'église : elle renferme, nous dit-on, la véritable chemise de la sainte Vierge lors de la naissance de Notre-Seigneur Jésus-Christ. Il est presque impossible d'énumérer les richesses accumulées les unes par-dessus les autres dans cette châsse, et offertes la plupart par des rois, des reines, des princes et autres personnes notables : des bijoux de tous genres, des émeraudes, des diamants d'une grosseur extraordinaire, des colliers de perles, une fine agate splendide encadrée d'or, etc., etc. On prétend qu'on ne pourrait trouver dans le trésor une seule pierre fausse ; s'il en est ainsi, il est d'un prix inestimable.

Après nos remercîments, le chanoine prit congé de nous, et le sacristain nous conduisit dans la sacristie. Il tira un rideau cachant une châsse en bois incrusté d'argent, et contenant les reliques d'un saint dont j'ai oublié le nom. En temps de sécheresse, on porte processionnellement cette châsse, et on fait dire des prières pour obtenir la pluie. Je n'en dis rien au sacristain, mais je pensai que, cette année, il eût été bon de recourir à ce remède, la plupart des récoltes de blé ayant manqué faute d'eau. Nous vîmes encore quantité de candélabres et ornements en argent, puis deux tableaux assez curieux. Le premier, offert à la cathédrale par Louis XIV, représente *le Crucifiement;* la croix et les figures sont gravées en or sur verre noir, et admirablement exécutées. Le second remonte, suppose-t-on, aux premiers siècles du christianisme. Il reproduit l'Assomption. Dieu le Père, le Fils, le Saint-Esprit et la sainte Vierge sont dans les nuages, et il n'y a pas moins d'une centaine de personnages agenouillés à terre. Les figures et les vêtements, découpés en drap, velours ou soie de différentes couleurs, sont collées sur fond or dans le genre de ce que nous faisons actuellement. Cet ouvrage, remontant à plusieurs centaines d'années, prouve que nos ouvrages dans ce genre ne sont pas d'invention moderne. On nous montra aussi une étole brodée et offerte par la duchesse de Bourgogne, mère de Louis XV. Je n'en admirai pas beaucoup le travail ; mais la quantité de perles et d'or qu'on y a employée lui donnent de la valeur.

Nous descendîmes ensuite dans l'église souterraine, dont la longue nef renferme, de chaque côté, sept chapelles toutes dédiées à la Vierge sous différents titres : Vierge des Sept-Douleurs, Vierge du Bon-Secours, Notre-Dame de la Garde, etc., etc. Toutes ces chapelles sont ornées de marbres magnifiques, et à chacune on dit la messe tous les matins à six heures. Partout, soit sur les vitraux, soit sur les murs, est reproduite la chemise de la Vierge.

De la cathédrale, nous allâmes à l'église Saint-André, très ancienne et fort curieuse. Le chœur se trouve sur une arche au-dessous de laquelle passe l'Eure. Cette arche est si bien construite et si bien cimentée, qu'elle paraît un roc destiné à durer autant que le monde. Le maréchal de Vauban disait au roi qu'à son avis « cette arche était la curiosité la plus remarquable du royaume ».

Poursuivant notre chemin, nous arrivâmes à une fontaine dont la source ne tarit jamais, même par les plus grandes sécheresses, et alimente constamment une citerne où vient puiser toute la ville. Cette citerne, construite en pierres, a une forme carrée de deux côtés ; des ouvertures permettent de tirer une eau si claire et si limpide que, malgré l'arche qui la recouvre, on pourrait distinguer un caillou jeté au fond. Tout près de la fontaine, sur un mur, dans une niche défendue par un grillage, on voit l'image de la bienheureuse Vierge Marie. Sa robe, en tissu d'or orné de fleurs, ressort sur un fond de soie cramoisi, elle a une couronne sur la tête et des chapelets suspendus au bras.

Revenus pour dîner, nous faisions ensuite le tour extérieur de la ville. La grande route coupe le mail l'espace d'un quart de mille ; néanmoins, c'est une belle promenade. Nous y rencontrâmes un moine que nous avions vu à Calais lors de notre arrivée en France. Nous fûmes tous ravis de nous retrouver. A six heures, nous soupions, et à dix heures nous allions nous reposer.

Vendredi 7 octobre 1785.

Après déjeuner, nous retournions à la cathédrale, où, sur la clôture du chœur, nous remarquions deux bas-reliefs modernes : *la Salutation Angélique* et *le Baptême de Notre-Seigneur* : ils ont été habilement exécutés, ainsi que les quatre vertus cardinales (deux de chaque côté et de grandeur nature), par M. Bérier, sculpteur. On nous fit enfin voir la Vierge Noire attribuée aux Druides. En bois de poirier, elle est vêtue d'une robe de soie cramoisie brodée d'or lui tombant jusqu'aux talons. Par-dessus son voile, elle a une couronne de feuilles de chênes ornées de pierreries en manière de fleurons; l'Enfant-Jésus n'est revêtu que d'une simple tunique. Des *ex-voto* sont suspendus tout autour et des cierges brûlent continuellement devant cette image très renommée dans tout le pays [1].

Pendant le peu de temps que nous passâmes à

---

[1] Brûlée en 1792, elle a été refaite sur les dessins qui restaient du temps.

l'église, nous vîmes une foule de gens mettre des cierges, et s'agenouiller devant cette statue si fort en honneur.

Nous fûmes ensuite au marché aux fruits, où nous achetâmes dix-huit superbes brugnons pour 12 sous. Les marchés sont bien approvisionnés, et les denrées à bon compte. Les rues, même les principales, sont, en général, mal pavées, mais bien entretenues et ont plusieurs belles maisons.

Samedi 8 octobre 1785.

Pluie torrentielle jusqu'à midi. Après dîner, été faire quelques achats : des gants, du ruban, etc.

Chartres, Épernon, Rambouillet.
dimanche 9 octobre 1785.

A neuf heures et demie, nous quittions l'agréable ville de Chartres pour Versailles. Obligés à Maintenon d'attendre deux heures nos chevaux, nous fîmes un tour dans cette petite ville, mais n'eûmes guère le temps que de jeter un coup d'œil dans la cour du château situé dans un bas-fond, et dont les parcs et les jardins, autrefois magnifiques, sont aujourd'hui très négligés. Entrés à l'hôtel du « Grand-Empereur », on nous y servit quelques rafraîchissements qu'on nous fit payer excessivement cher. Enfin, vers deux heures, nous poursuivions notre voyage.

D'une colline, au sortir de la ville, on découvre un joli paysage et un aqueduc commencé sous le règne de Louis XIV, pour servir au transport des eaux de l'Eure jusqu'aux jardins de Versailles; mais ce projet a été abandonné [1]. De là, la route change : elle est pavée et si dure que nous y brisâmes un ressort de notre chaise, de sorte qu'arrivés à Epernon nous dûmes attendre qu'on la réparât. Nous en profitâmes pour nous promener; nous entrâmes dans une église sur une hauteur d'où la vue s'étend très loin : l'église est petite, mais élégamment décorée.

Revenus à la « Poste », la maîtresse de l'hôtel nous invita à entrer nous reposer, invitation que nous acceptâmes avec plaisir. Mais alors surgit une autre difficulté : par suite du départ de Leurs Majestés et de la cour pour Fontainebleau, les chevaux de tous les environs avaient été réquisitionnés, et il était presque impossible de s'en procurer. Ne pouvant continuer notre voyage avant cinq heures, nous nous déterminâmes à nous arrêter à Rambouillet, que nous atteignîmes peu après six heures, en passant par une longue avenue qui coupe la forêt

---

[1] La plupart des matériaux devant servir à cet aqueduc furent employés sous Louis XV à reconstruire le château de Mme de Pompadour, à Crécy.

et conduit au château. Descendus à l'hôtel du « Grand-Dauphin », nous fûmes fort heureux de gagner nos lits, après cette fatigante journée.

Rambouillet, Versailles, lundi 10 octobre 1785.

Levés à sept heures. Après déjeuner été à pied jusqu'au château appartenant autrefois au duc de Penthièvre qui l'a vendu au roi. Sa Majesté y vient deux fois par an, au moment des chasses. Ce château, dans une plaine bordant la forêt, n'est pas royalement meublé ; les appartements de la reine seuls sont luxueux, quoique sans dorures, à l'exception d'un cabinet dans le style chinois : les meubles en laque dorée, les boiseries vert clair et or entourées de glaces peintes, les chaises recouvertes de toile des Indes, et les rideaux de même étoffe. Les jardins admirables se prolongent en un parc anglais où des avenues habilement tracées mènent jusque dans cette forêt merveilleuse. Non loin du château, nous longeâmes une rangée de nouveaux bâtiments destinés, nous dit-on, à établir une manufacture de coton dans le genre de celle de Manchester [1].

Traversant la forêt, nous relayâmes à Conniers ;

[1] En 1786, Louis XVI y établit une ferme modèle dont Napoléon Ier, en 1811, fit un dépôt de mérinos d'Espagne.

mais à Trappes, le relai suivant, nous ne trouvâmes pas de chevaux, de sorte qu'il nous fallut garder les mêmes. Près de Trappes, il y a un fameux couvent du même nom, malheureusement trop éloigné pour que nous pussions le voir. A quatre heures, nous arrivions à Versailles, à l'hôtel Jouy.

Après dîner, été à la foire. Les places sont occupées par des marchands forains, des montreurs de singes, etc., et les avenues bordées de petites boutiques se prolongent bien au-delà de la ville. Nous rentrâmes cependant de bonne heure, le froid et les rues boueuses ne nous engageant guère à rester dehors.

Versailles, mardi 11 octobre 1785.

A dix heures, M. Cradock partait pour Paris s'assurer de nos appartements.

A onze heures, j'allais avec ma femme de chambre dans les jardins du palais, où j'eus beaucoup de plaisir à revoir ces belles statues et ces groupes admirables.

Dans l'après-midi je me fis friser et coiffer par une coiffeuse qui, paraît-il, sait aussi raser et faire la barbe. Je la trouvai très adroite.

Versailles, Paris, mercredi 12 octobre 1785.

Après déjeuner, sortie m'acheter une petite brosse. J'eus beaucoup de peine à obtenir la monnaie d'une pièce de 3 livres, l'argent (d'après la marchande) étant rare à Versailles, excepté au palais qui accapare tout.

A une heure, James, revenu de Paris, m'apporta un mot de M. Cradock, m'apprenant qu'il a retenu un appartement, rue Jacob, à l'hôtel d'Yorck, que nous occupions avant notre départ. Je commandai donc immédiatement mon dîner, payai une note des plus extravagantes, et quittai l'hôtel Jouy dont les gens si *chers* avaient pourtant été polis et complaisants.

Arrivée à Paris peu après quatre heures, je trouvai M. Cradock fatigué, ce qui ne nous empêcha pas de nous promener pendant une heure.

Avant neuf heures, nous nous retirions dans nos chambres.

A l'hôtel Jouy, logeait un Suisse ayant une si grande passion pour les chats qu'il en nourrissait tous les jours vingt. Il m'invita à venir faire la connaissance d'une partie de sa famille, et j'y vis quinze chats, trois petits, deux chiens, trois perroquets, plusieurs cages remplies d'oiseaux et même des poules. Tout cela prenait ses ébats dans son appartement. Ce monsieur, dans une situation très précaire, loge depuis cinq ans à l'hôtel; il ne sort jamais, ses animaux occupant tout son temps. Je pensai que, par suite de ses malheurs, il avait, sans doute, l'esprit un peu dérangé, quoique rien ne le prouvât, sinon cet amour immodéré pour les animaux. Sa chambre ressemblait à une étable à cochons.

Aujourd'hui, deux servantes, employées à l'hôtel lors de notre premier séjour à Paris, sont venues me voir. Elles avaient été, à cette époque, fort malades; je m'étais intéressée à elles et les avais fait soigner par le Dr Fischer. Ces pauvres femmes ont voulu me donner des marques de leur reconnaissance, et, aussitôt qu'elles ont appris notre retour, elles nous ont apporté des noix, des noisettes, des amandes, enfin les meilleurs produits de leur jardin. Cette attention m'a très vivement touchée.

Paris, jeudi 13 octobre 1785.

Levée tard. A deux heures, M. Cradock a dîné avec M. Bishop, lequel doit entreprendre le voyage que nous venons de faire, et désire lui demander quelques renseignements à ce sujet. — Déballé, mis de l'ordre dans nos nouveaux appartements, dont je suis très contente ; trouvé les personnes qui tiennent l'hôtel à présent beaucoup plus polies que les précédentes ; fait arrangement pour nos repas avec le même traiteur qu'auparavant. Enfin, je me sens tout à fait chez moi.

Mardi 18 octobre 1785.

Après déjeuner, été d'abord au Palais-Royal, très changé depuis l'année dernière. Tout autour, se sont établis un grand nombre de beaux magasins, des restaurateurs, des cafés, qui donnent beaucoup d'animation à la place et en font un des plus charmants lieux de réunion. De là, dans l'espoir d'obtenir une place, d'où nous pourrions assister à la procession des captifs libérés, nous nous arrêtions à un café devant lequel, selon toute probabilité, elle devait passer. M. Cradock entra le premier et, apercevant des dames, m'engagea à le suivre. Il prit du café, moi du chocolat, et je vis, non seulement des messieurs, mais aussi quantité de dames faisant comme moi. J'en remarquai tout particulièrement une qui semblait appartenir à la bonne société. Elle entra seule, tandis que son valet de pied l'attendait à la porte, demanda du café, lut le journal, paya et s'en alla, sans qu'aucune des vingt personnes présentes parût étonnée de sa manière d'agir. Trois dames vinrent après elle : elles demandèrent du chocolat, et, tandis que l'une lisait le journal, les deux autres jouèrent aux dominos comme d'ailleurs plusieurs des consommateurs. Un de ces messieurs, remarquant que nous étions étrangers, nous avertit fort aimablement que la procession passerait dans cette rue; aussi M. Cradock s'informa-t-il de la possibilité de louer une des fenêtres de l'étage supérieur ; mais, comme elles étaient toutes prises, le cafetier proposa à M. Cradock de me donner une chaise sur laquelle je pourrais monter, et cette place me permit de tout voir, malgré les autres curieux encombrant la fenêtre.

Après deux heures d'attente, la procession défila. Marchaient en avant, les gardes de la Cité, écartant à grand'peine la foule qui remplissait la rue. Musique en tête, suivaient la garde royale à pied, les gardes à cheval, deux grands crucifix d'argent, deux bannières peintes sur soie, les Pères de la Merci, présentant, au bout de longs manches, des aumônières en velours cramoisi, dans lesquelles, il faut le reconnaître, tombaient abondamment les pièces d'argent et les sous destinés aux captifs. Venaient, enfin, précédés aussi d'une musique, les captifs au nombre de trois cents environ, chaque homme lié par un ruban représentant les chaînes. Ce ruban était soutenu de chaque côté par des enfants figurant des anges, habillés de blanc, des couronnes de fleurs ou de pierreries de couleur sur la tête, des ailes en plumes au dos. Au milieu, marchaient des gens portant des étendards de gaze peinte et de soie brodée ; à droite et à gauche, une longue file de prêtres en surplis. Une compagnie de gardes à cheval et à pied fermait le cortège et tenait le peuple à distance.

Ces captifs ont, dit-on, été rachetés au dey d'Alger, par les Pères de la Merci ; la quête est faite à leur profit, et cette procession se renouvelle trois jours de suite.

Mercredi 19 octobre 1785.

M. Cradock a vendu notre chaise aujourd'hui. Dans la matinée, il a été aux Bénédictins. Reçu la visite de Lord et Lady Sussex et de M. Bellasyse.

Mardi 25 octobre 1785.

Attendant la visite de ces Messieurs les Bénédictins, nous dînâmes à une heure et demie. Ils vinrent, en effet, un peu avant quatre heures et ne nous quittèrent qu'à six.

Jeudi 27 octobre 1785.

M. Cradock devant partir demain pour l'Angleterre où il a à faire, est allé prendre congé de plusieurs de nos amis qui tous, plus ou moins, l'ont chargé de lettres et de paquets.

Vendredi 28 octobre 1785.

M. Cradock est parti à une heure et demie. M. Pattles est venu m'inviter à dîner pour dimanche.

Dimanche 30 octobre 1785.

Partie à deux heures, avec M. Metcalf et les dames Lascels chez M. Pattles, où nous trouvâmes brillante compagnie, entre autres la jolie Mme Hess, très élégante et très aimable.

Dans la soirée, joué au whist. Rentrée à neuf heures.

Jeudi 24 novembre 1785.

Été à un bal chez Mme de B..., au Gros-Caillou. Revenue, à neuf heures et demie, sans avoir dansé, mais pourtant fatiguée par l'éclat des lumières, par la musique et le bruit des conversations. Mme de B..., est une charmante petite femme, gaie et pétillante : elle danse à la française, ce qui lui va à ravir ; je ne puis en dire autant de toutes les danseuses, dont quelques-unes eussent pu faire vis-à-vis à leurs arrière-petits-enfants. Malgré tout, j'ai été contente d'assister à ce bal.

Samedi 26 novembre 1785.

Dans la soirée, M. et Mme Newport, locataires à l'hôtel, étant revenus du théâtre avant leurs domestiques qui avaient emporté la clef de leur appartement, le portier est venu me demander la permission de les faire passer par le mien. J'y consentis volontiers, et, apprenant que leur feu était éteint, je les priai de rester chez moi, en attendant le retour des domestiques. Ils acceptèrent, et nous causâmes pendant une heure. M. Newport se meurt de consomption et va passer l'hiver à Nice.

Lundi 28 novembre 1785.

Été, à deux heures, dîner chez M. Pattles. — Beaucoup d'invités anglais et français. Parmi ces derniers, remarqué surtout la marquise de Coutances et sa plus jeune fille, la comtesse Félicité, toutes deux fort belles. Le dîner était superbe, la conversation gaie et un peu trop animée à mon avis. En rentrant au salon, quelques-unes de ces dames, s'approchant du feu, relevèrent leurs robes pour se chauffer les pieds. J'avoue que cette façon d'agir a choqué tous mes principes de modestie.

Samedi 3 décembre 1785.

Je finissais de dîner, lorsque j'entendis une voix d'homme criant sur l'escalier : « O mon Dieu! mon Dieu! Seigneur mon Dieu! » Le pauvre homme avait de bonnes raisons pour se désoler ainsi : son maître, un Monsieur anglais, logeant vis-à-vis de nous, venait de se brûler la cervelle. Je descendis précipitamment chez Mme Gelliot, la maîtresse d'hôtel, aussi émue que moi de l'événement qu'ignoraient encore les autres locataires. Tout le restant de la journée, ma pensée se reportait sur cet affreux malheur, et je n'ai pu dormir de la nuit.

Dimanche 4 décembre 1785.

Mme Gelliot est venue, ce matin, s'informer de ma santé ; nous avons beaucoup causé de la catastrophe arrivée la veille ; elle m'a demandé de vouloir bien lui donner connaissance de quelques papiers de mon malheureux compatriote. Je descendis donc avec elle et M. Gelliot, mais je ne pus leur fournir aucun renseignement. Comme Mme Gelliot me dit désirer que, non seulement les Anglais habitant l'hôtel, mais d'autres aussi, sussent comment elle et son mari avaient agi dans cette circonstance, je leur répondis que je ne manquerais pas de donner les meilleures références.

Lundi 5 décembre 1785.

Tout le monde sait maintenant ce qui est arrivé, et les uns et les autres me pressent de quitter l'hôtel jusqu'après l'enterrement ; mais je refuse, M. et Mme Gelliot me montrant toutes sortes d'attentions.

Jeudi 22 décembre 1785.

Sortie dans la matinée et acheté un manchon.

Dimanche 25 décembre 1785.

A deux heures, été dîner chez M. Pattles. Les convives tous Anglais. Dans l'après-midi sont arrivés des Français. Réunion nombreuse et fort agréable. Mon manchon a eu beaucoup de succès.

Samedi 31 décembre 1785.

Dans la soirée, fait visite à Mme Lesley dans un couvent où, restée cependant peu de temps, j'ai eu si froid que je me suis bien promis de n'y plus retourner. Été ensuite présenter mes souhaits et mes vœux de bonne année à M. Pattles, où j'ai trouvé nombreuse compagnie venue pour le même motif, entre autres le vieux marquis de *** qui, pour faire honneur à *la dame anglaise*, poussa la galanterie jusqu'à embrasser ma pantoufle qu'une dame me retira du pied. J'étais de retour à huit heures.

Dimanche 1er janvier 1786.

Le baron Callenberg est venu dans la matinée ; il m'a offert une jolie petite boîte de bonbons parfumés, et à ma femme de chambre, un ruban.

Lundi 16 janvier 1786.

M. Metcalf m'a apporté un petit pot de beurre de Bretagne, véritable friandise très renommée à Paris.

Dimanche 5 février 1786.

A onze heures, partie avec Lord et Lady Sussex à la chapelle de l'ambassade : le service était à moitié terminé. De là, été nous promener au Palais-Royal, revenus dîner à deux heures. A trois heures et demie, nous allions à l'Opéra : on jouait *Pénélope*, de Piccini. Mme Saint-Huberty a, comme toujours, rempli merveilleusement son rôle, les danseurs ont été excellents ; mais l'opéra par lui-même est ennuyeux et peu intéressant. Malgré une salle presque vide, la chaleur était intolérable, et à la sortie il nous fallut attendre longtemps la voiture, qui nous conduisit d'abord chez Lord Dorset, et me ramena ensuite à dix heures, chez moi, assez fatiguée de ma journée.

Lundi 13 février 1786.

Été, dans l'après-midi, voir M. Pattles, puis Mme Lesley à son couvent, où je trouvai deux joueurs ayant engagé une partie de cartes sur la planchette de la grille du parloir.

Mardi 14 février 1786.

Avec Lord et Lady Sussex au Luxembourg, ensuite à la foire Saint-Germain, où Lady Sussex s'acheta un bonnet.

Vendredi 17 février 1786.

A six heures, Lord et Lady Sussex, M. Metcalf, les deux MM. Perry, le jeune Keppel Craven, le baron et Mme Callenberg sont venus prendre le thé avec moi; après quoi nous avons joué le grabuge, dansé, chanté, et nous sommes bien amusés jusqu'à onze heures.

Mardi 28 février 1786.

Souffrante depuis quelques jours, je n'ai pu sortir aujourd'hui, mardi gras, où tout le monde est en fête, et les rues pleines de masques.

Vendredi 17 mars 1786.

Été, dans la matinée, voir les tableaux au Palais-Royal et, dans la soirée, au petit théâtre Beaujolais. On y a joué trois pièces, dont l'une un opéra où tout se chantait derrière le rideau, tandis que les acteurs, presque tous de jeunes enfants, agissaient et gesticulaient, de façon à paraître chanter eux-mêmes. La musique est très bonne ; je n'en puis dire autant des acteurs ; cependant cette représentation m'a beaucoup intéressée.

Samedi 25 mars 1786.

Pris un billet de loterie ainsi conçu :

Loterie, à 3 livres le billet, de douze tabliers et un fichu de superbe gaze d'Angleterre, lesquels seront distribués sur les numéros sortis de la loterie royale de France au premier avril prochain, savoir : les trois premiers numéros gagneront chacun trois desdits tabliers, le quatrième, deux et le cinquième, un et le fichu.

N° 37.   Dulot,
Rue Jacob, Hôtel d'York.

Mercredi 5 avril 1786.

Passé aujourd'hui au palais de justice, où il y avait grande affluence à cause d'une affaire peu ordinaire. Trois hommes avaient été condamnés en Provence pour un meurtre qu'ils n'avaient pas commis; mais, le procès ayant été revisé à Paris, ils ont été reconnus innocents. On a organisé une quête en leur faveur.

Samedi 11 avril 1786.

Jour heureux pour moi. A onze heures, M. Cradock est revenu d'Angleterre après une absence de cinq mois, une semaine, quatre jours et seize heures. Avant dîner, nous avons été rendre visite à M. Pattles.

Jeudi 13 avril 1786.

Dans l'après-midi, le baron Callenberg, revenant de Longchamps, est entré nous faire une petite visite. Il nous a assuré qu'il y avait près de 30.000 voitures à cette promenade.

Samedi 15 avril 1786.

Pris le bac pour traverser la Seine; vu un esturgeon vivant qu'on venait d'y pêcher. Été ensuite visiter les écuries du roi : elles contiennent des chevaux superbes; mais, à mon grand étonnement, elles sont placées sous une des galeries du Louvre. De là, au « Café Mécanique » du Palais-Royal, ainsi nommé parce qu'en inscrivant sur une table ce que vous désirez votre commande sort d'une trappe devant vous comme par enchantement.

Dimanche 16 avril 1786.

A cinq heures et demie, M. Cradock se rendit chez le baron Callenberg pour l'achat d'une voiture de voyage.

Mercredi 19 avril 1786.

Ainsi que nous en étions convenu la veille, M. Metcalf vint me chercher à huit heures du matin pour m'accompagner chez M. Boudet, le dentiste, où nous attendîmes plus d'une demi-heure avant qu'il daignât paraître, son valet étant venu nous avertir que son maître n'entrait jamais dans la salle des opérations avant d'avoir pris son café du matin. Son heure venue, il s'occupa de moi, et après avoir payé ce grand personnage, mais excellent dentiste, nous retournâmes à la maison où nous étions à dix heures.

Dernier jour à Paris, vendredi 21 avril 1786.

Aussitôt déjeuner, j'allai faire quelques achats avec ma femme de chambre. Dîné à trois heures ;

après quoi M. Cradock s'apprêtait à partir pour affaires, à Montrouge, chez le duc de Lauzun, lorsque M. Atkins et M. Day, moines bénédictins, le retinrent plus d'une heure à causer sur l'escalier. A neuf heures, M. Cradock était de retour.

Samedi 22 avril 1786.

A sept heures du matin, M. Metcalf arriva nous faire ses adieux. Le baron Callenberg, le Dr Carey, et Mme Gelliot le suivirent de près. Nous n'étions pas encore habillés, et nous ne pûmes nous empêcher de trouver leurs politesses, quoique bien intentionnées, fort importunes. Le baron ne nous quitta qu'après m'avoir donné la main pour m'aider à monter dans la voiture qui devait nous emmener en Hollande.

FIN

TOURS

IMPRIMERIE DESLIS FRÈRES

6, rue Gambetta, 6

www.ingramcontent.com/pod-product-compliance
Lightning Source LLC
Chambersburg PA
CBHW060503170426
43199CB00011B/1305